Colorea con Imaginacion

por
Jose

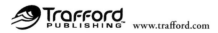 www.trafford.com

Para Norteamérica y el mundo entero
llamadas sin cargo: 1 888 232 4444 (USA & Canadá)
teléfono: 250 383 6864 ♦ fax: 812 355 4082 ♦ correo electrónico: info@trafford.com

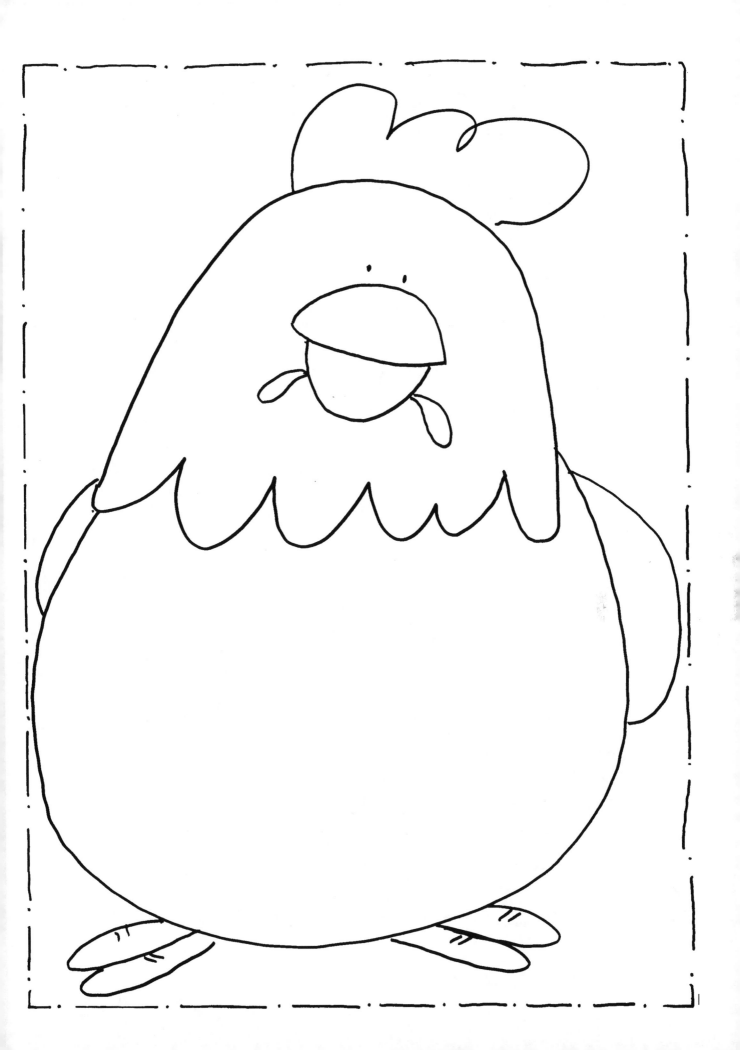

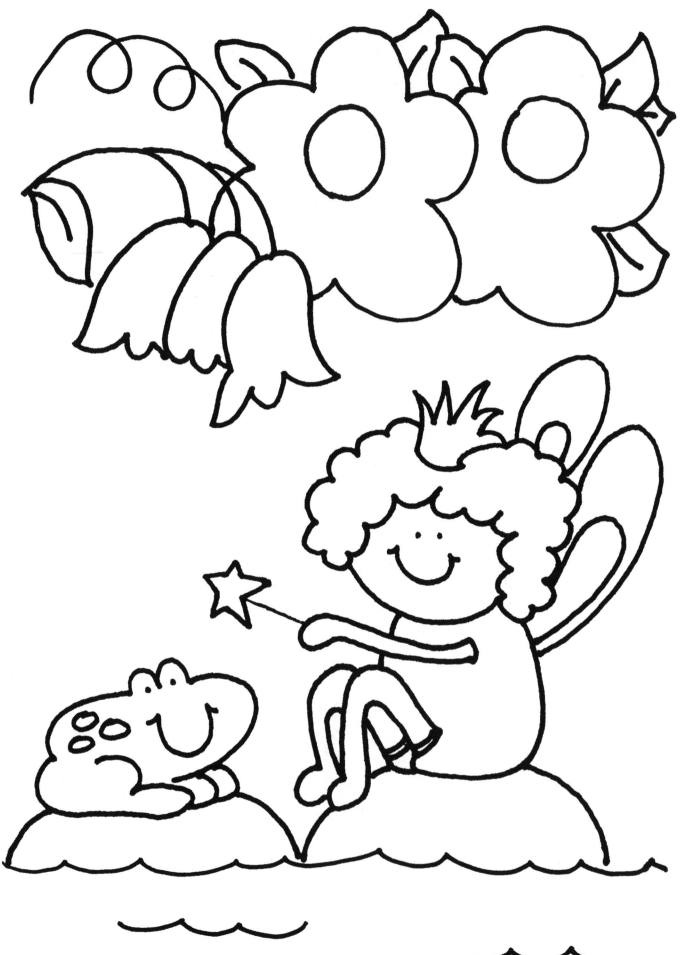

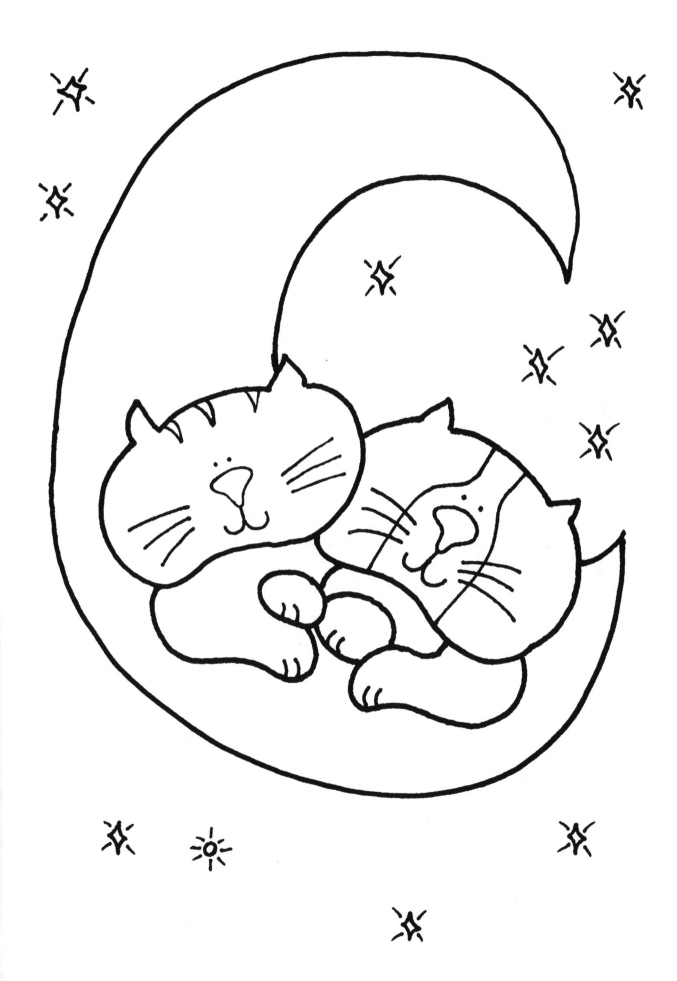

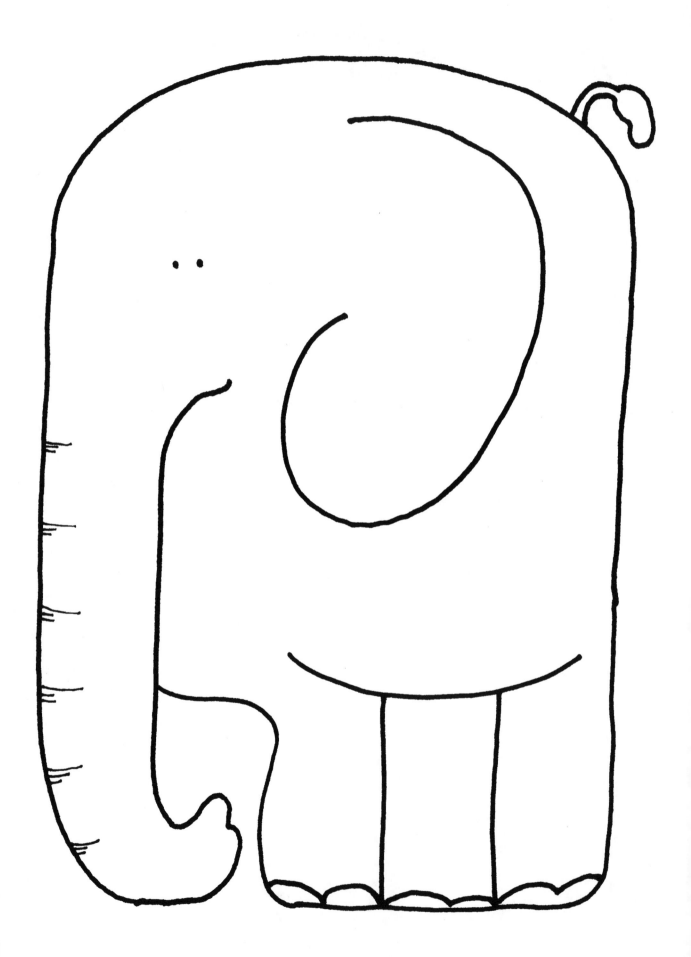

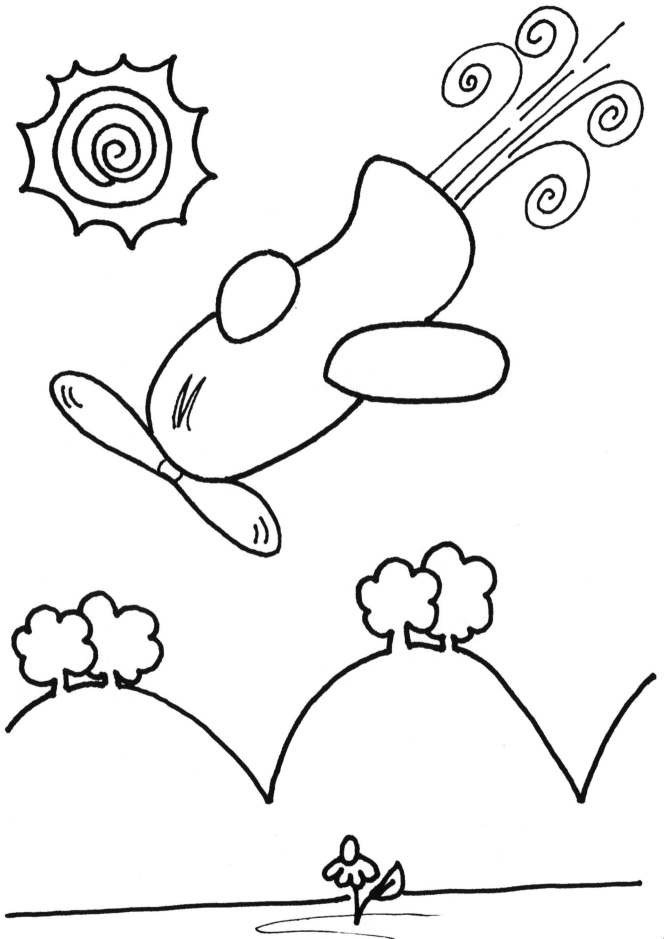

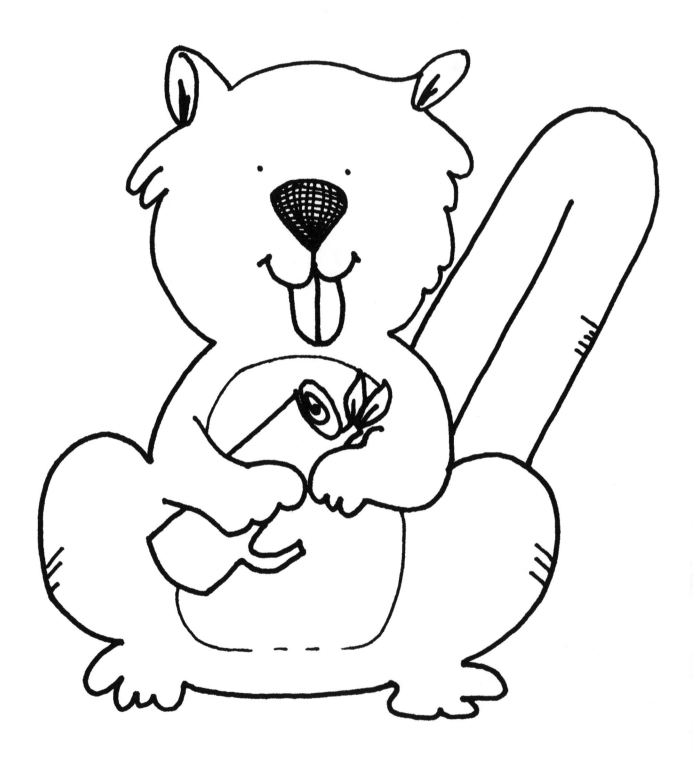

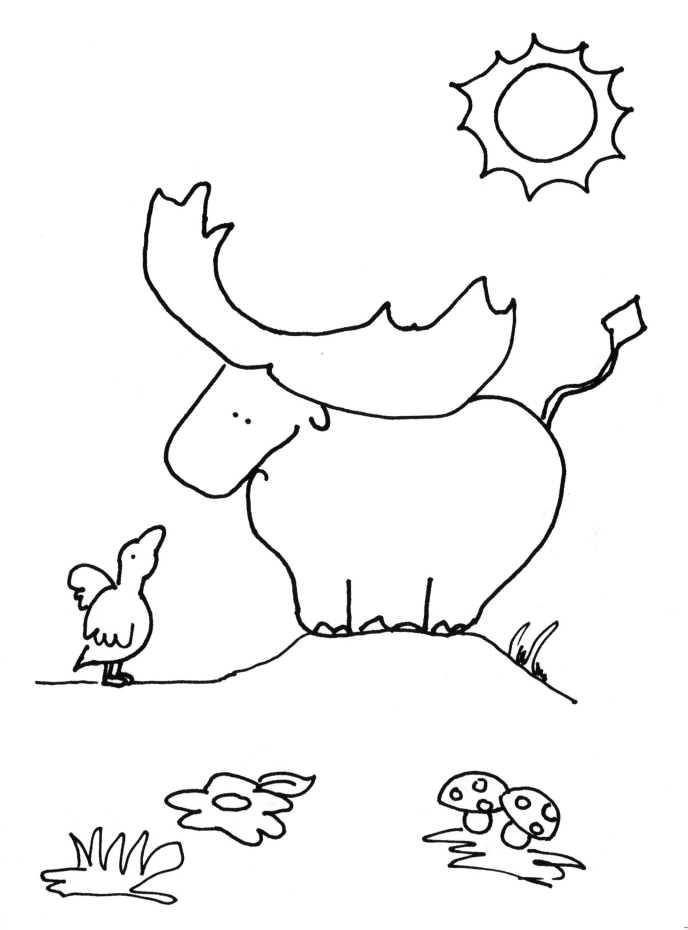

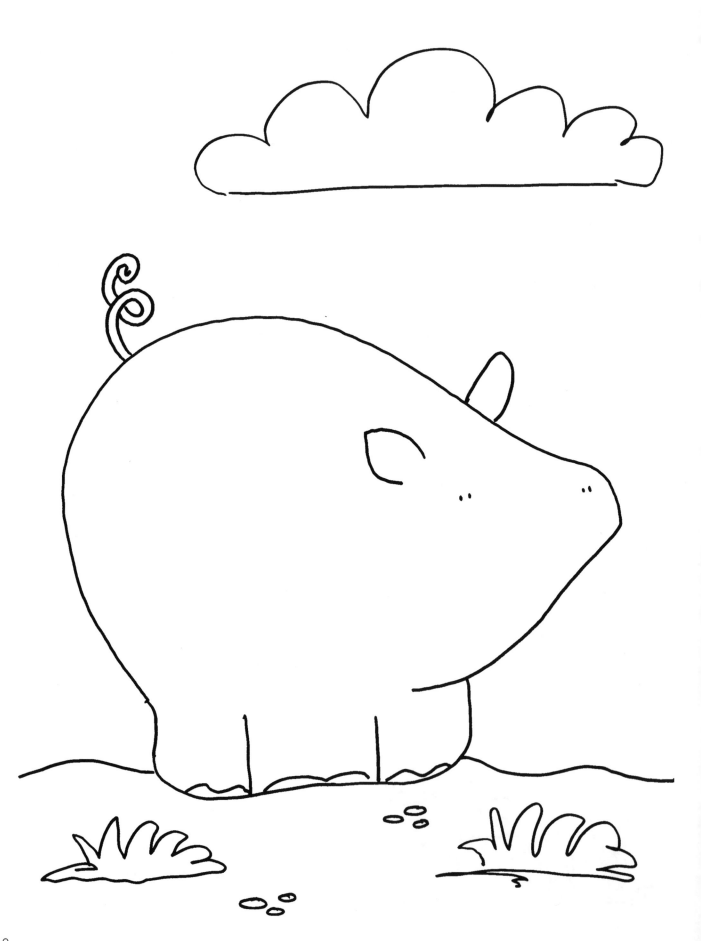

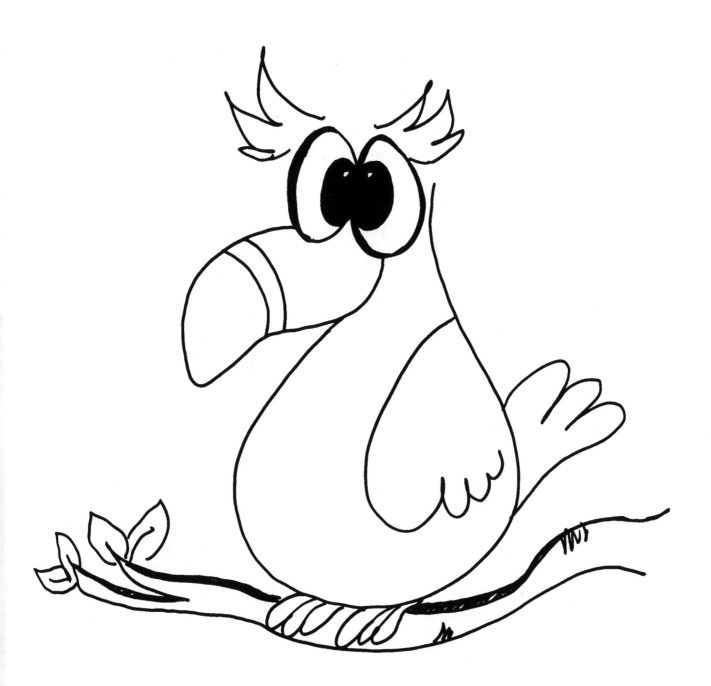

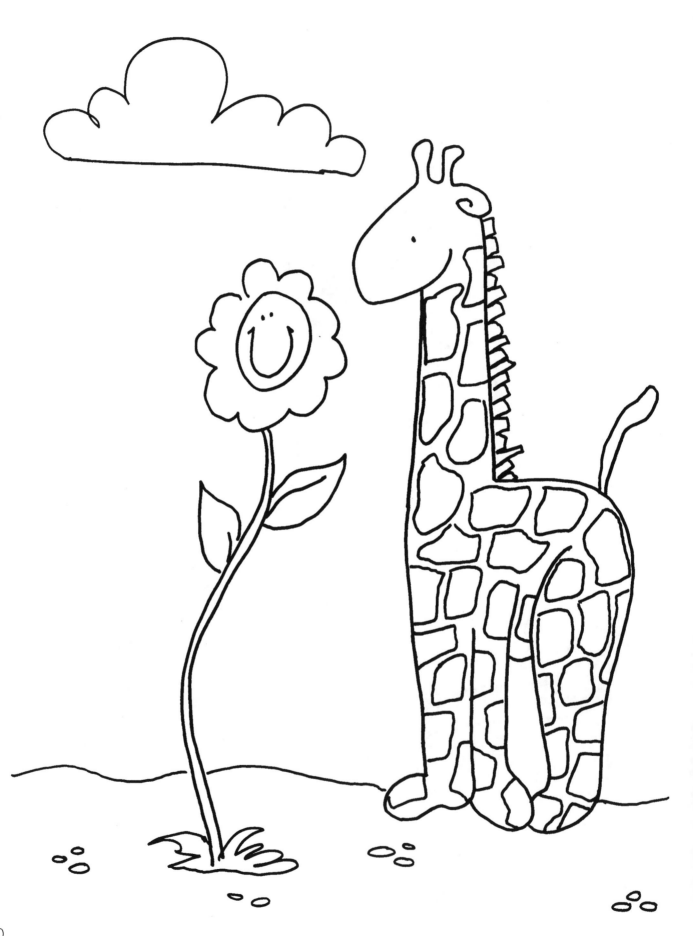

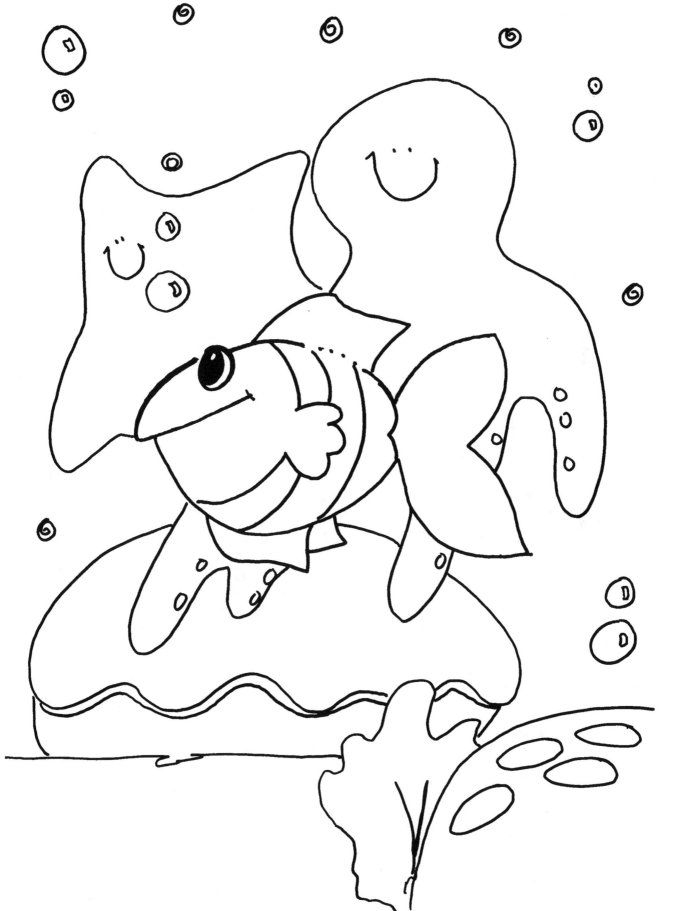

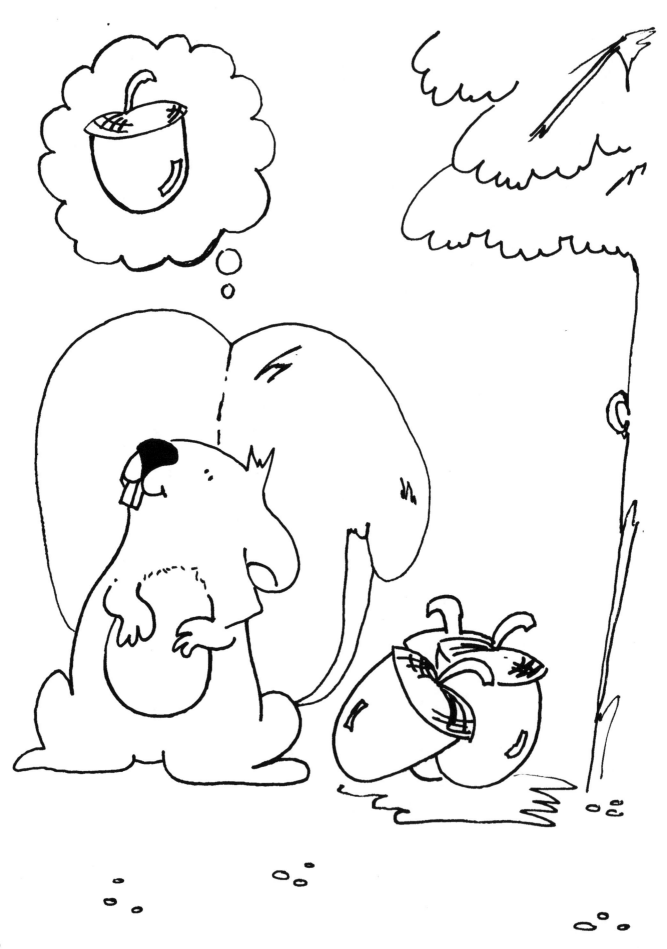

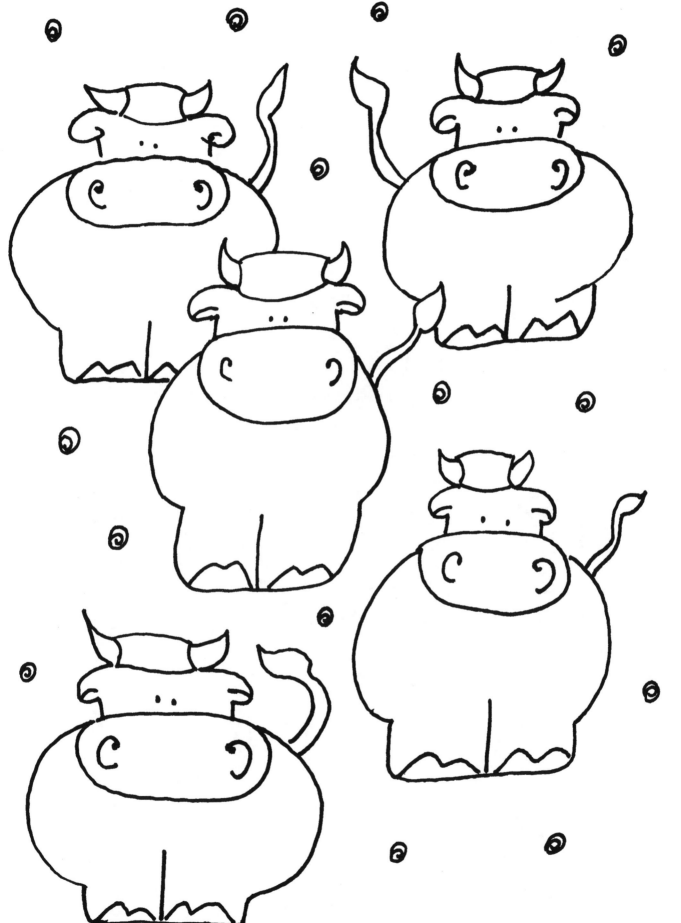

13

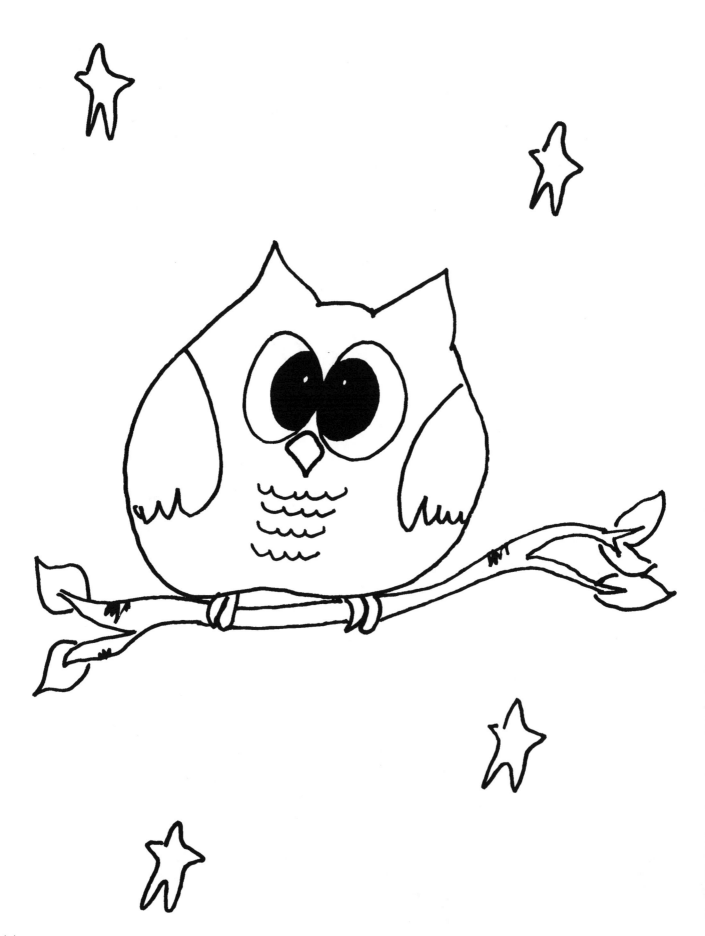

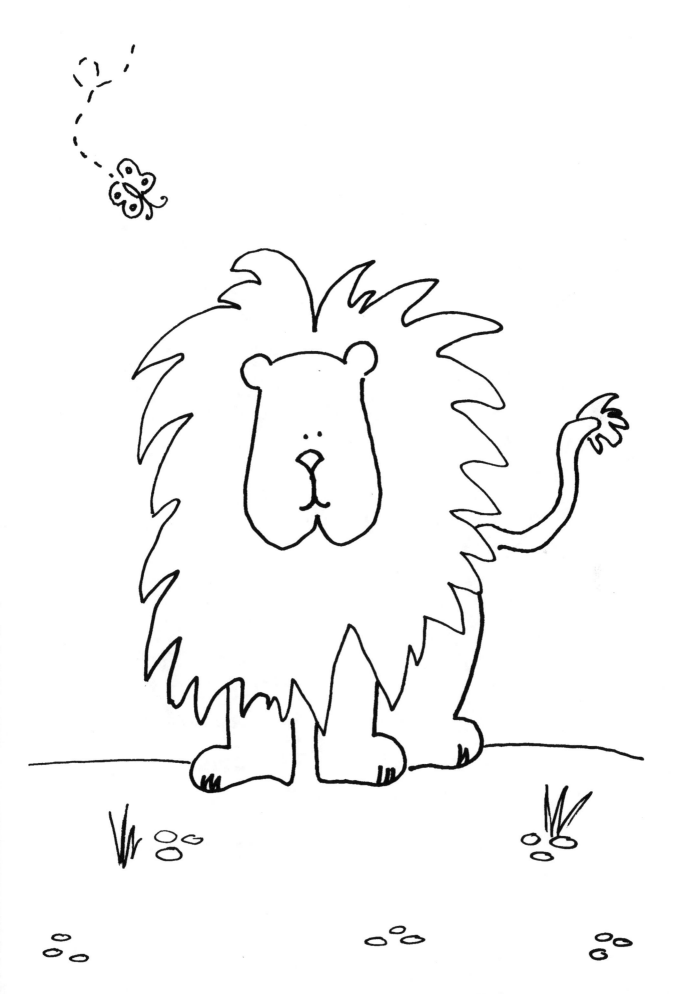

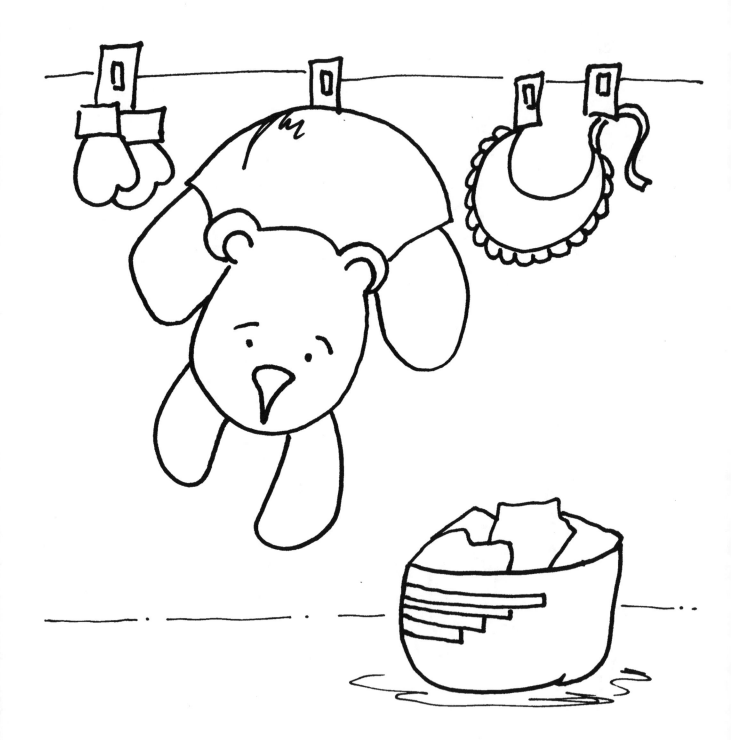

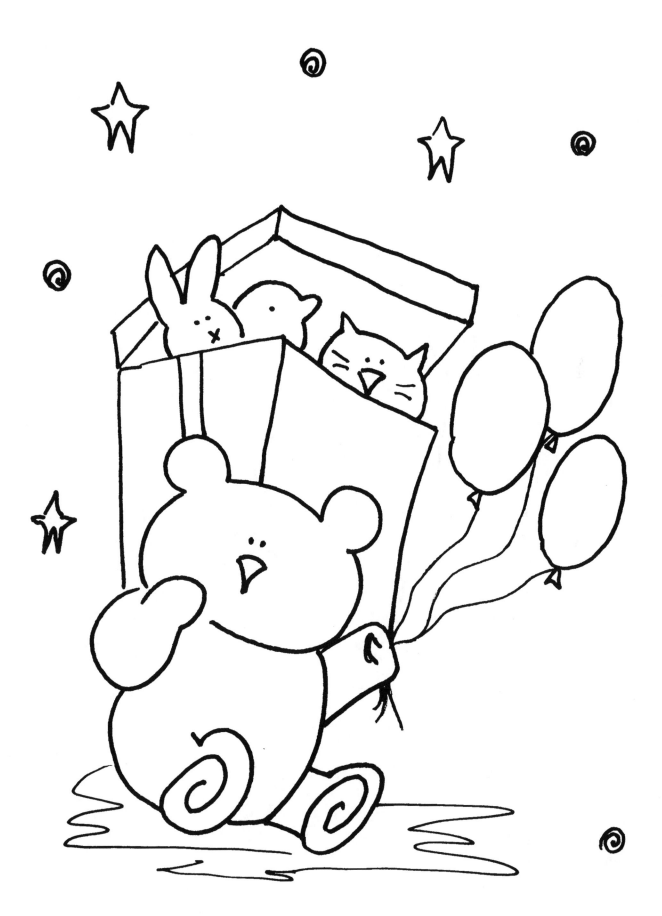

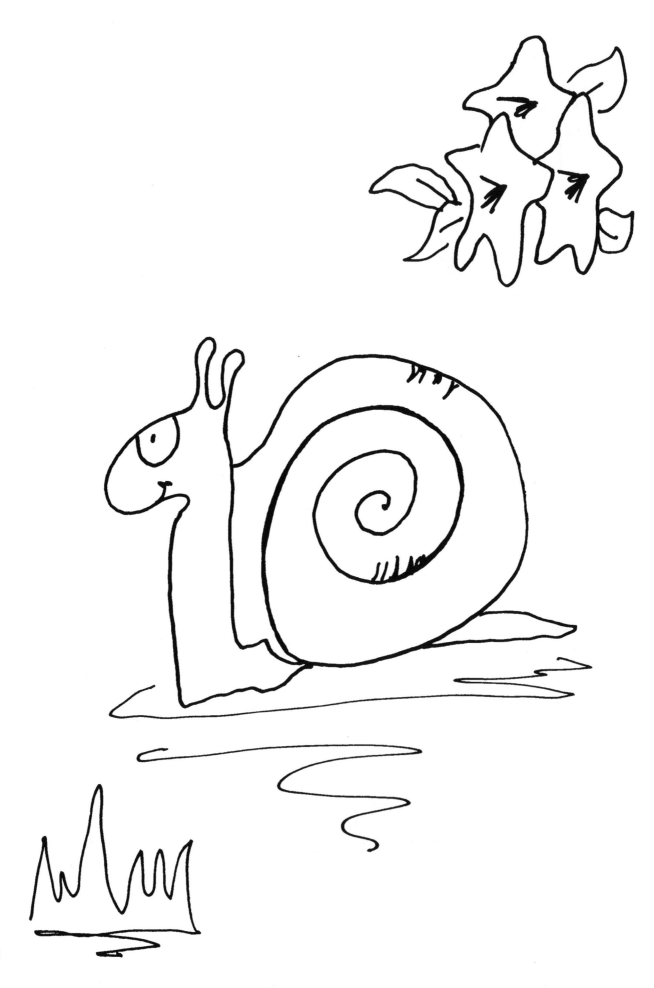

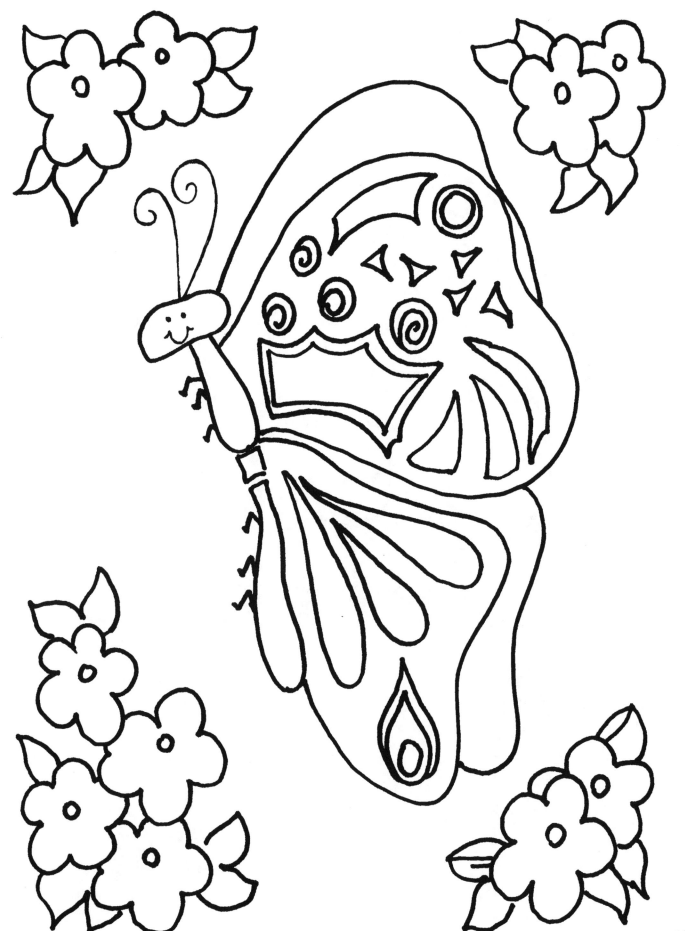

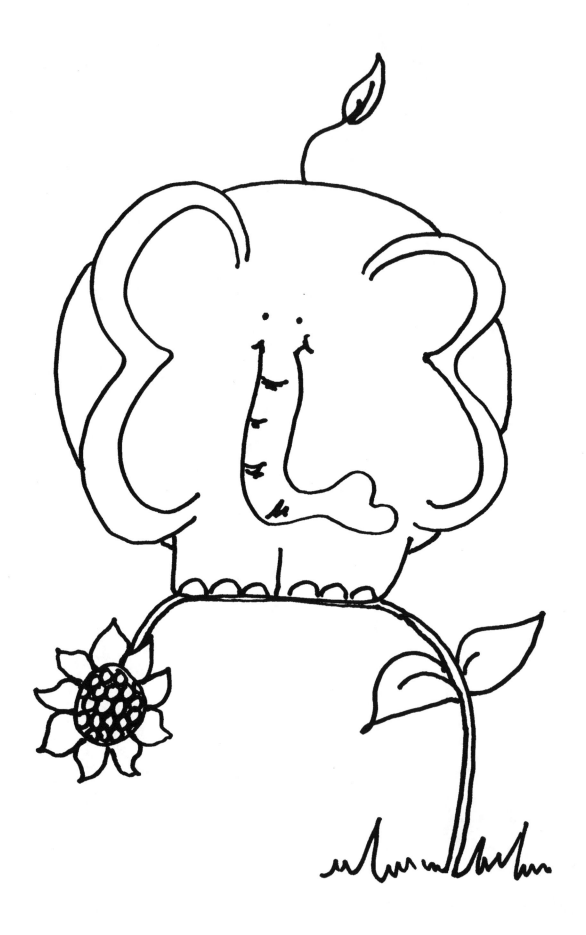

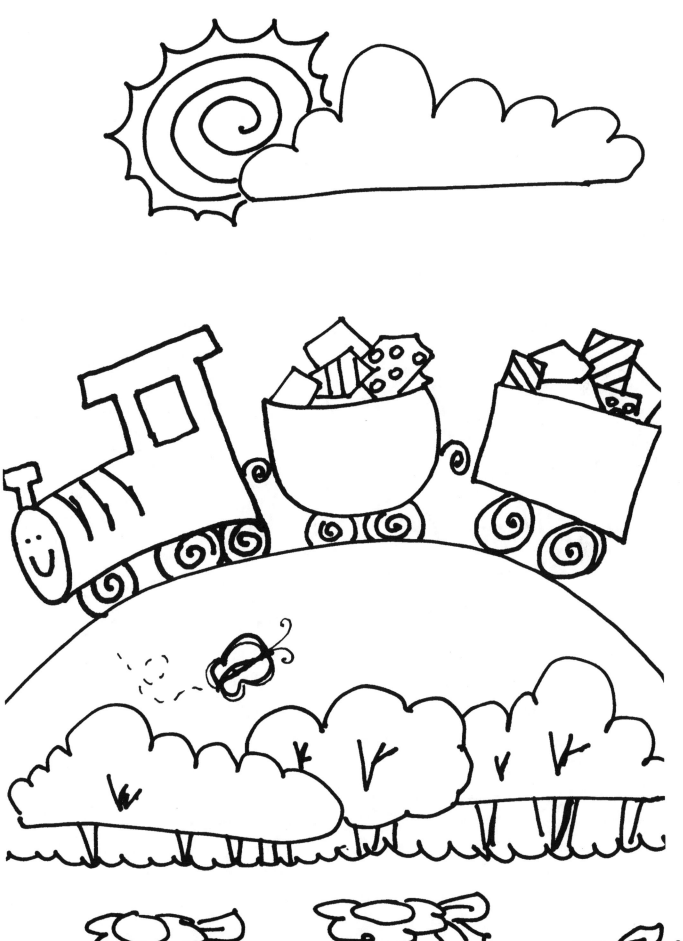

21

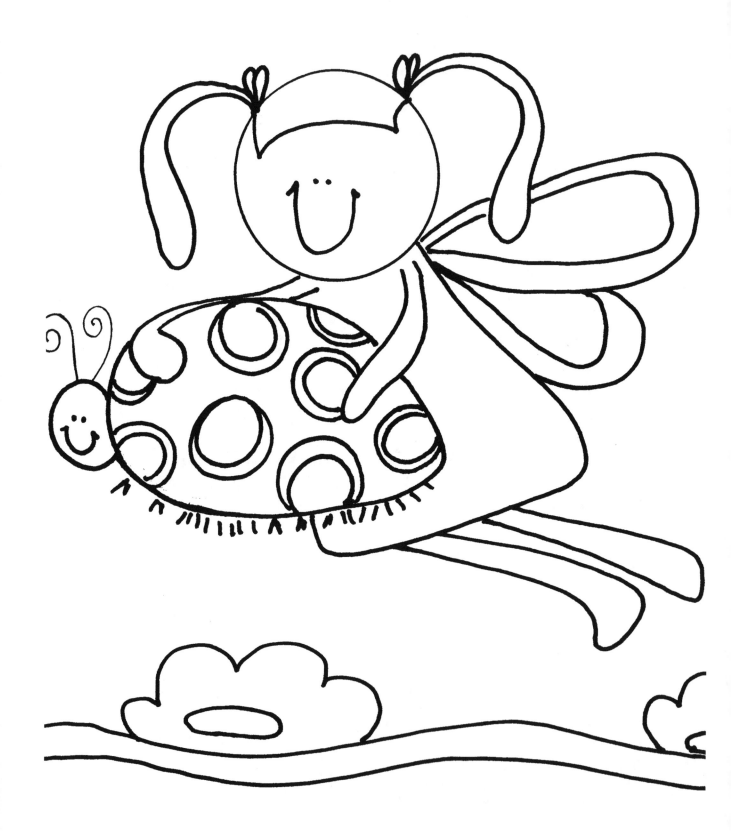

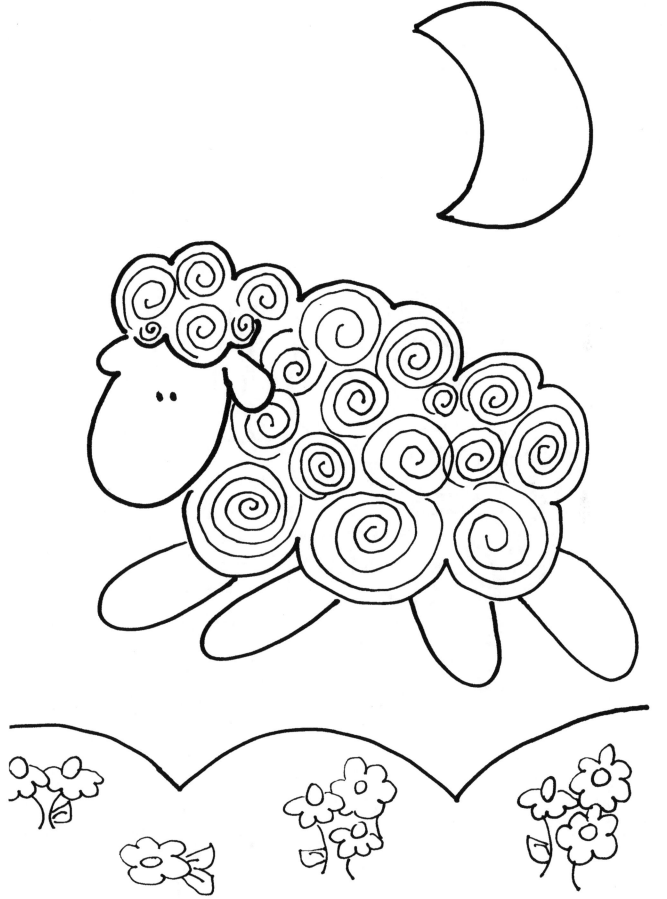

23

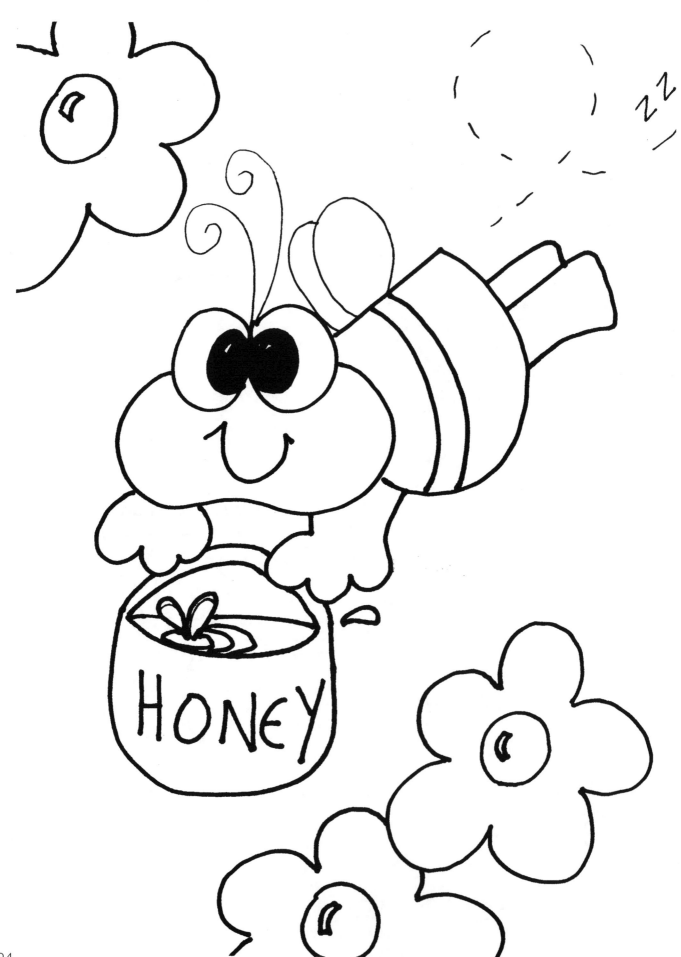

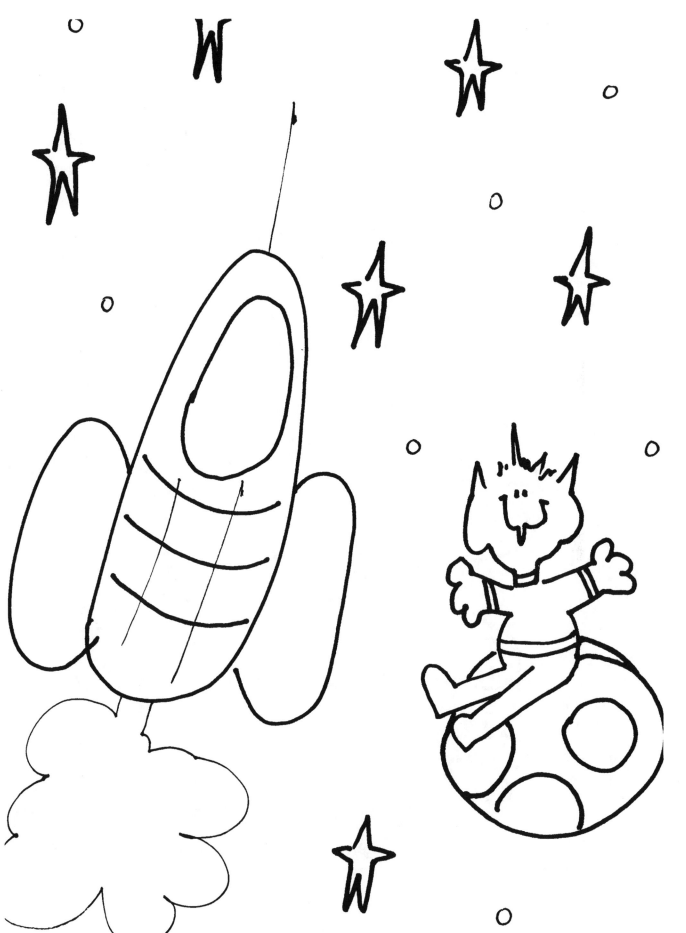

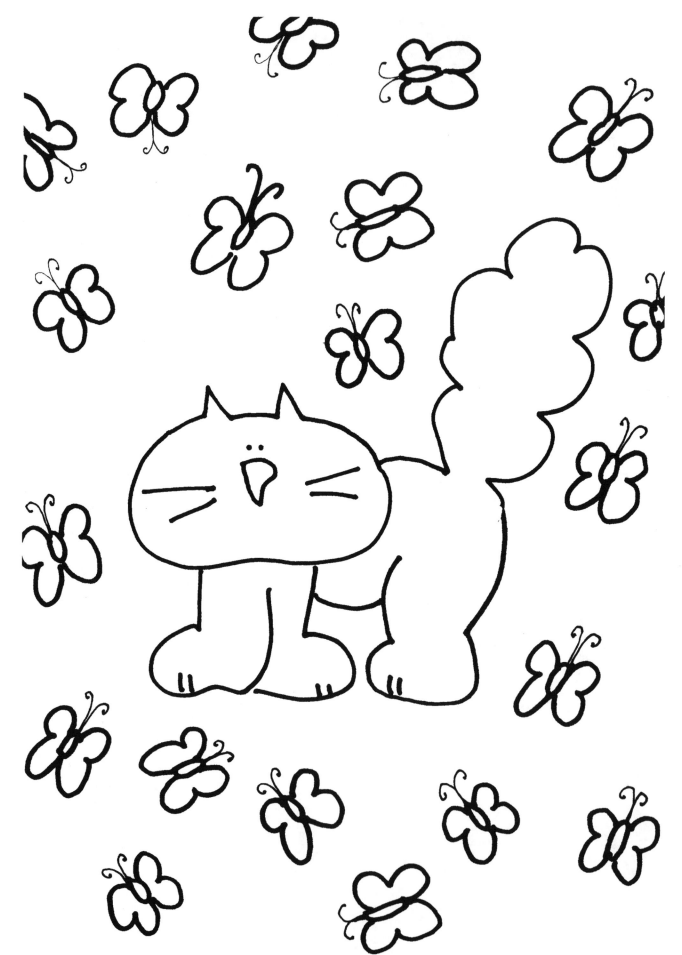

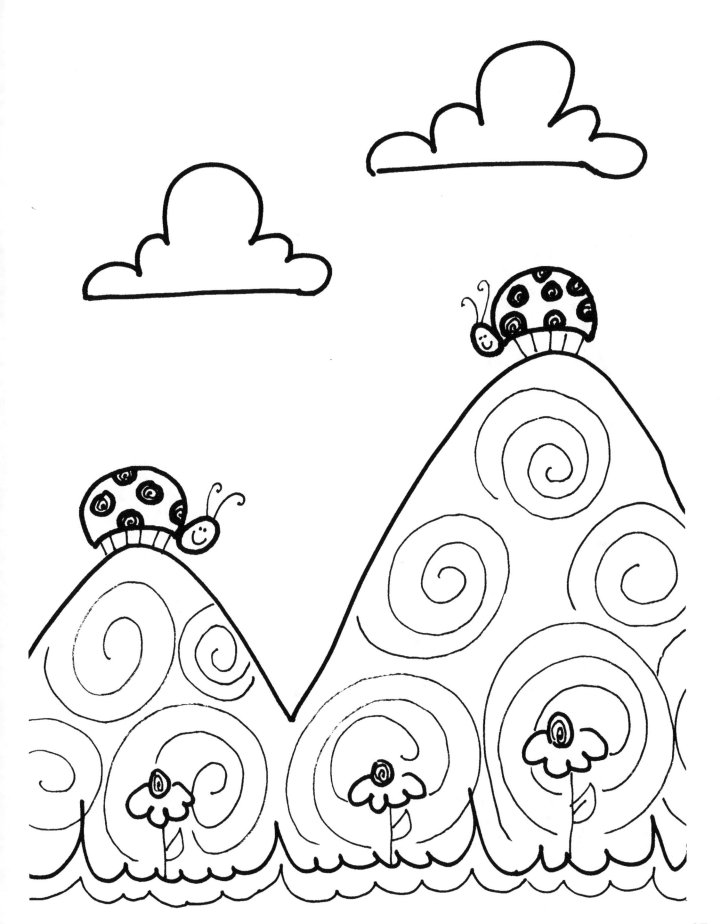

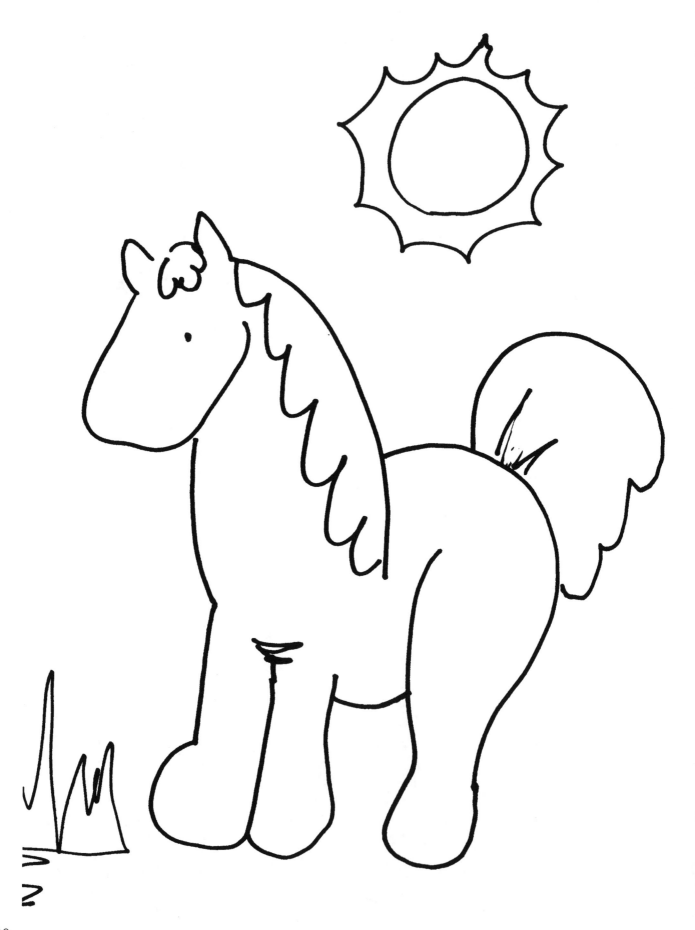

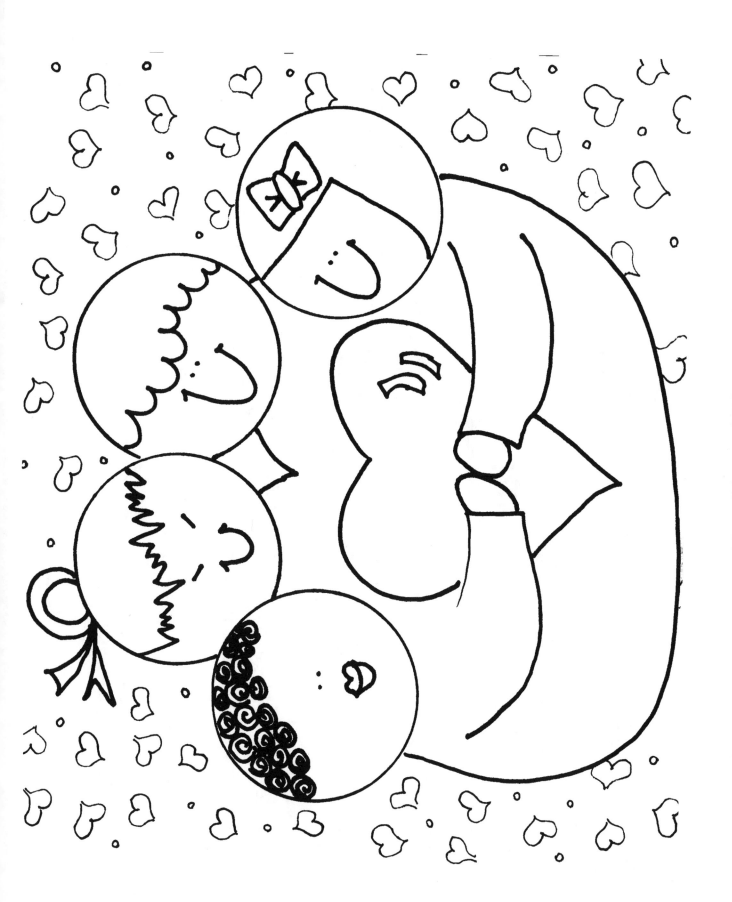

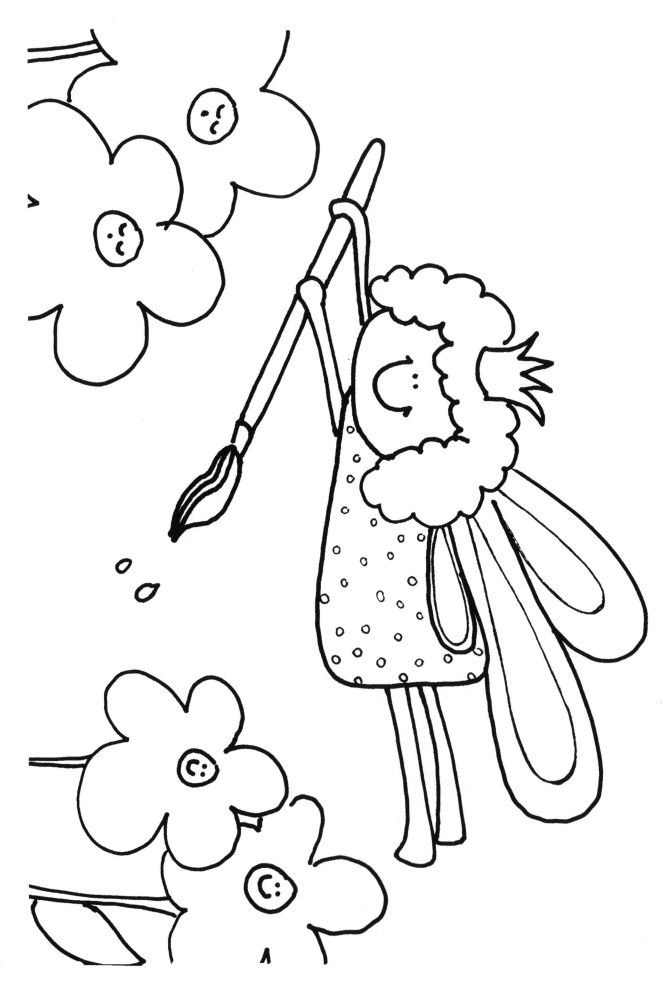

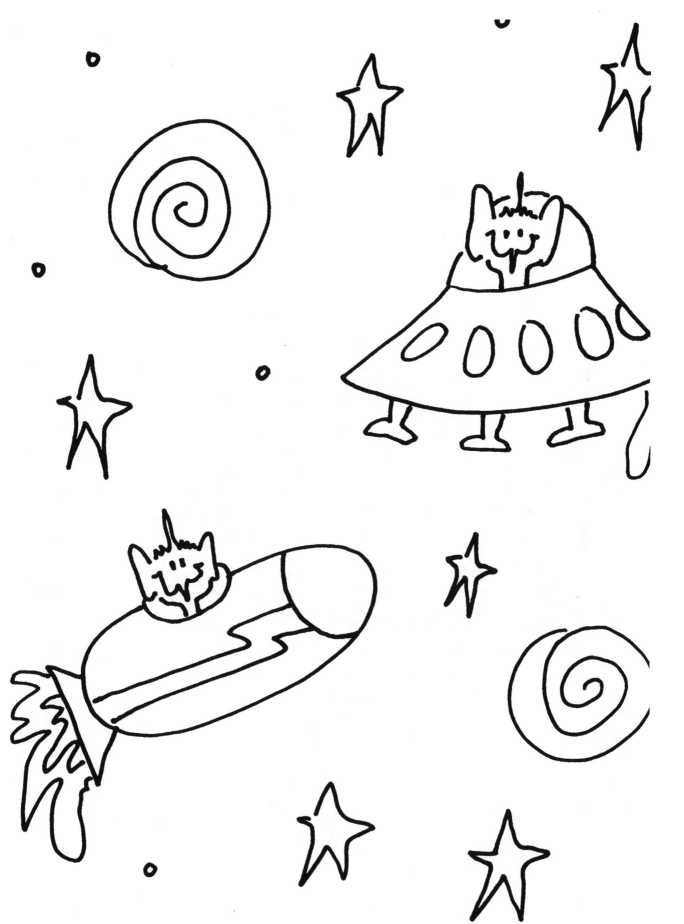

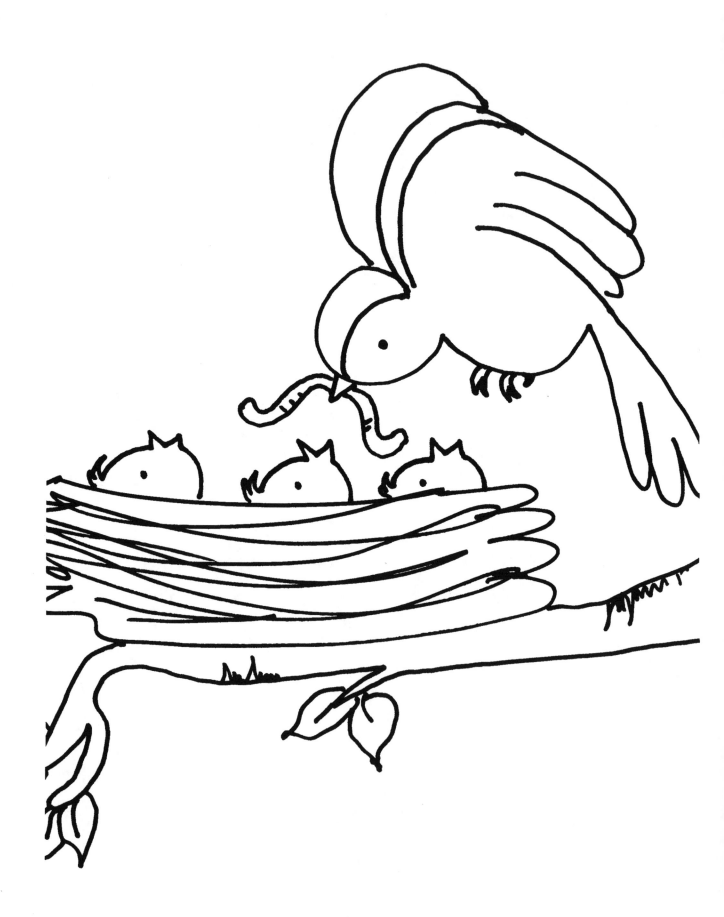

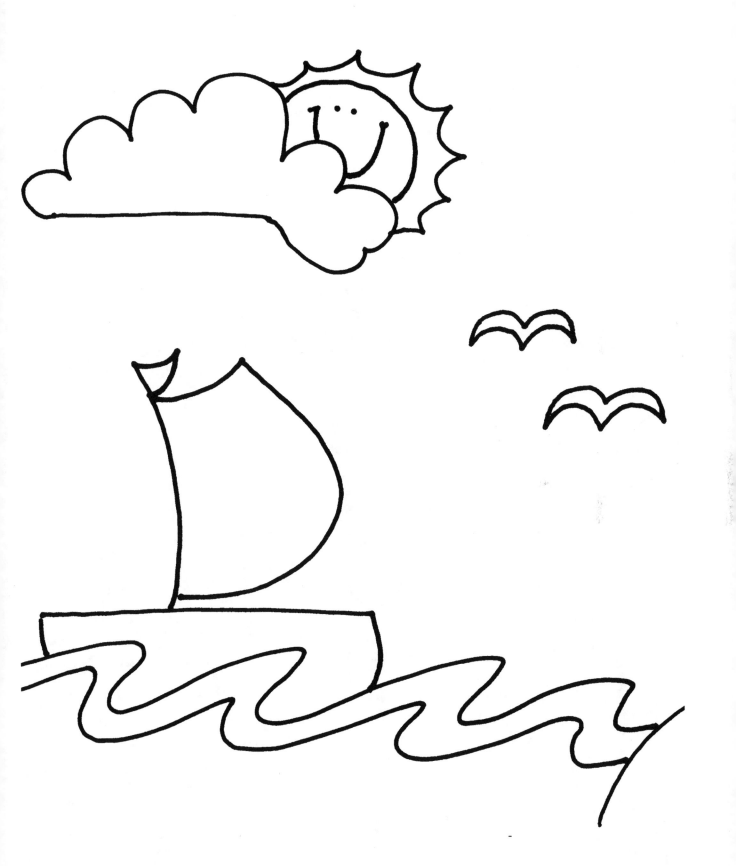

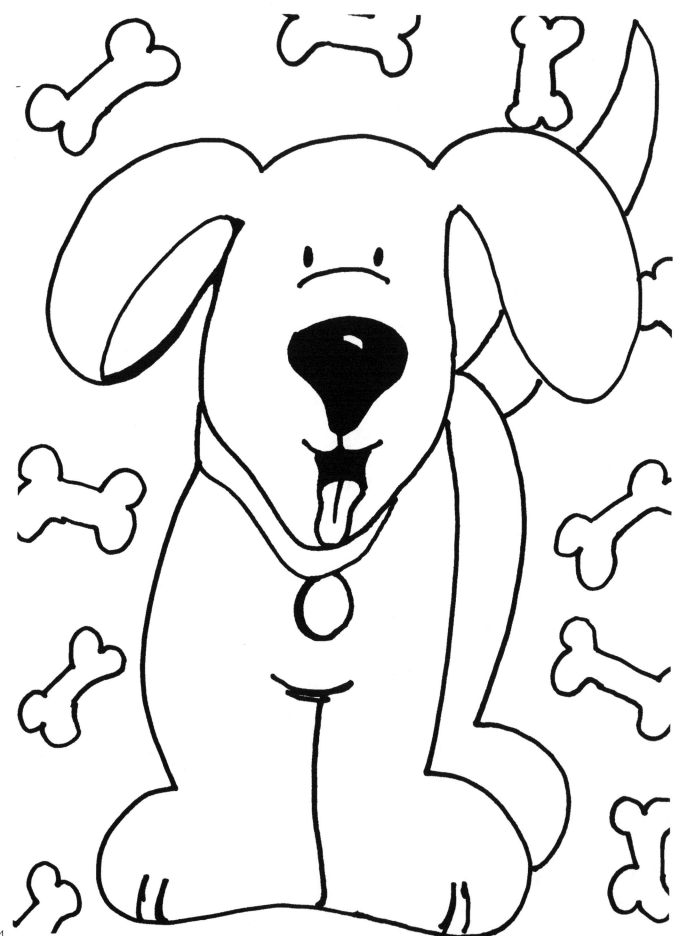

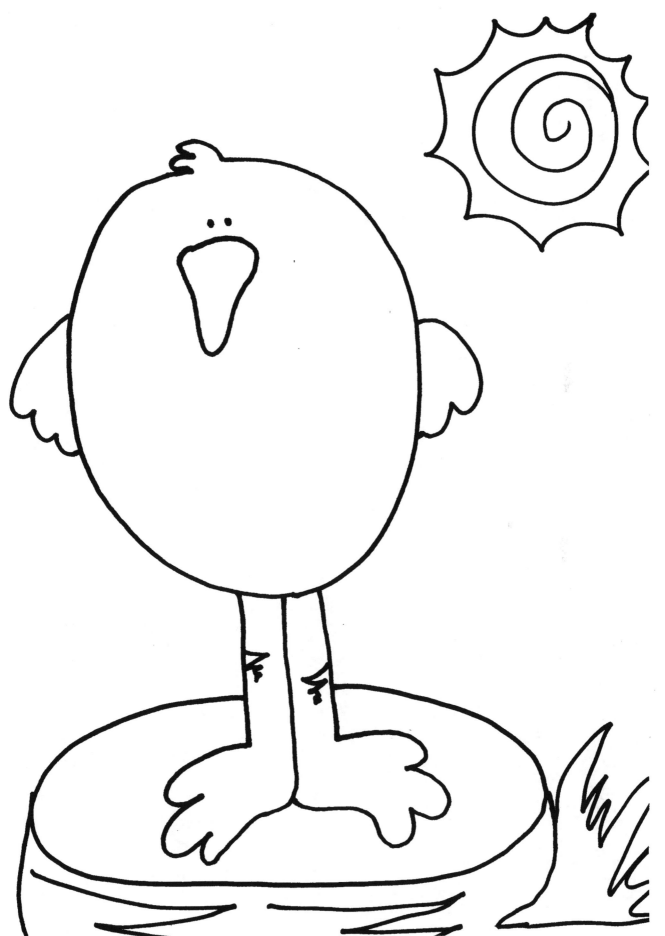

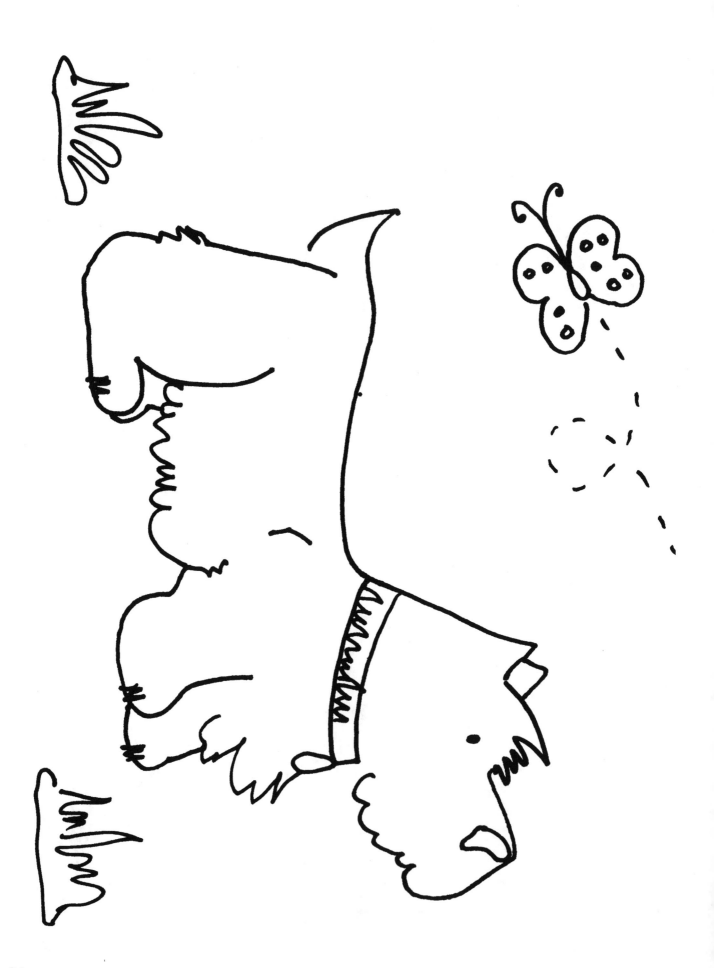

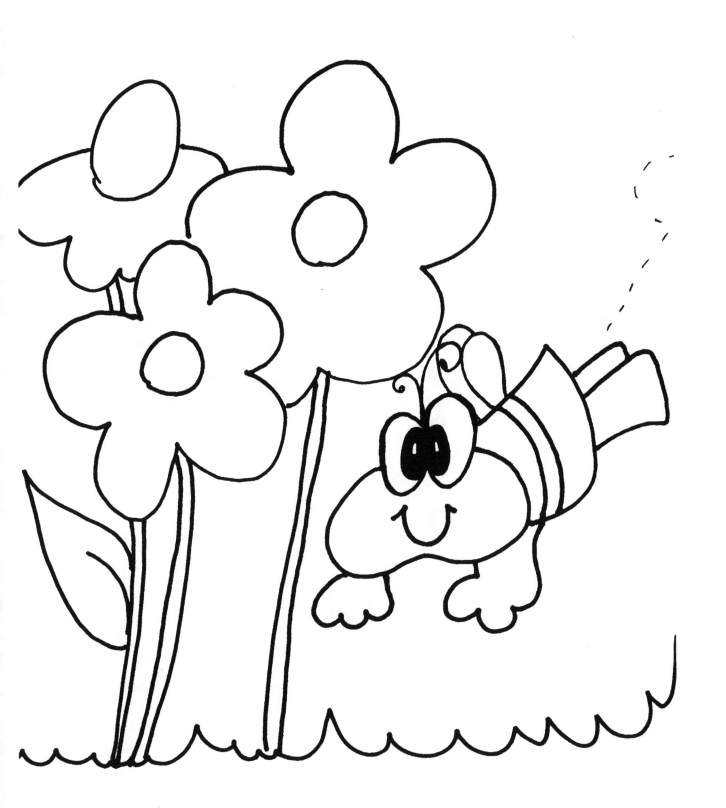

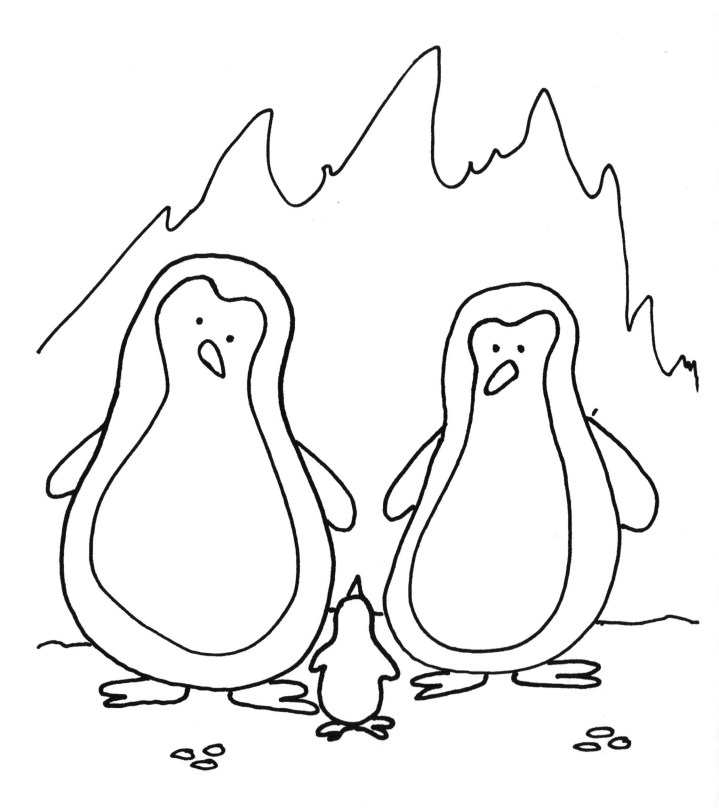

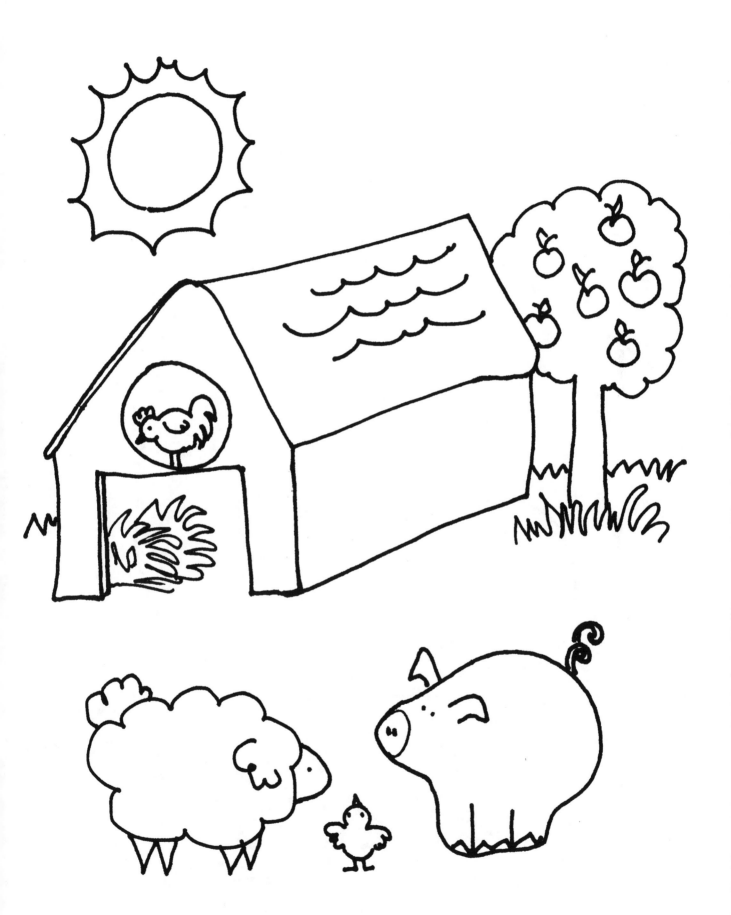

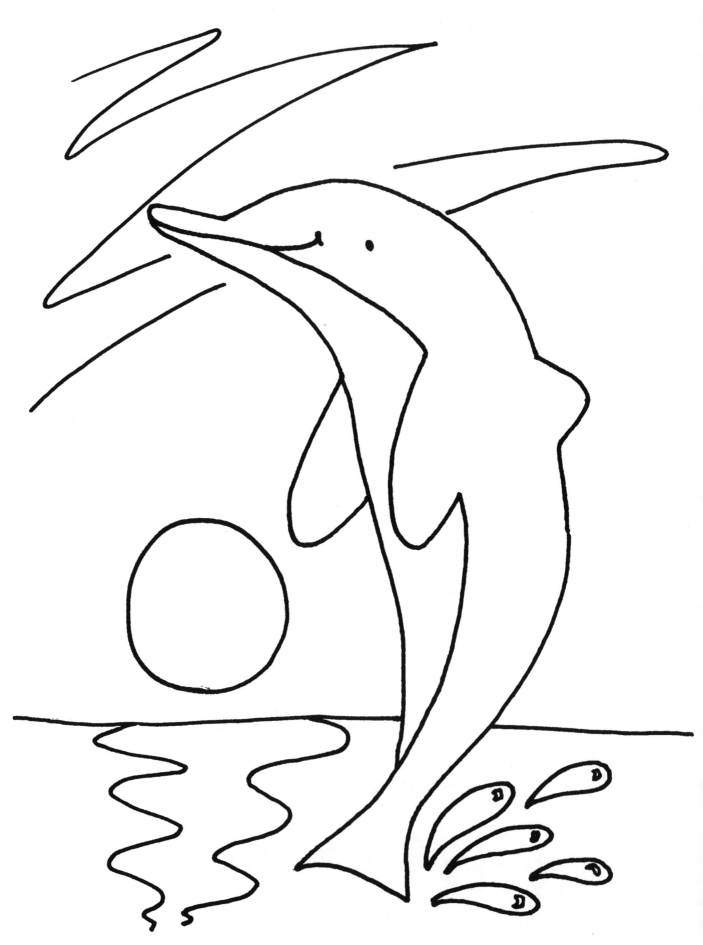

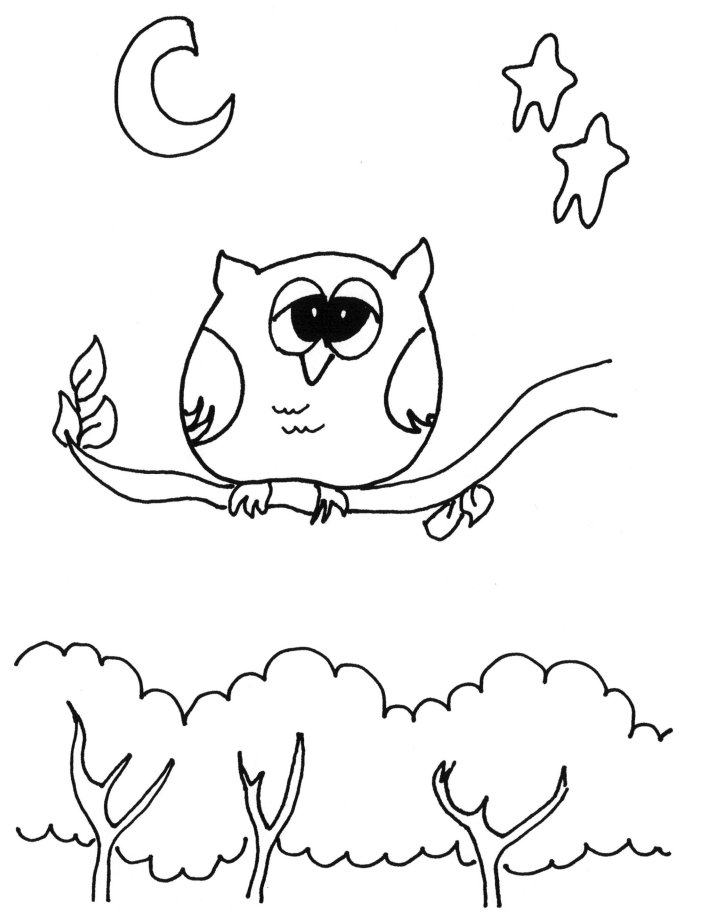

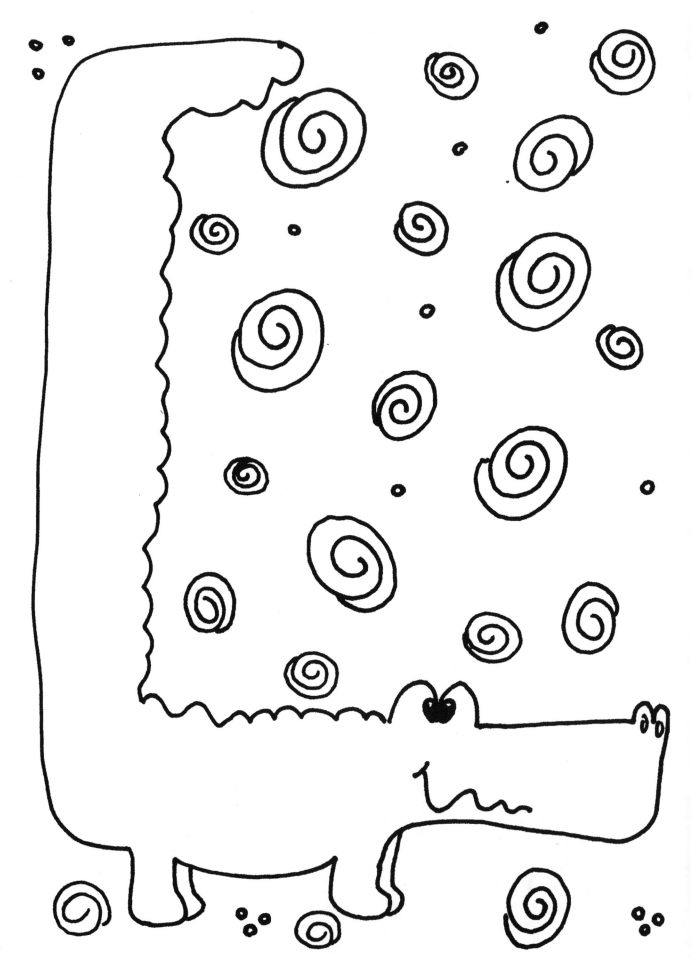

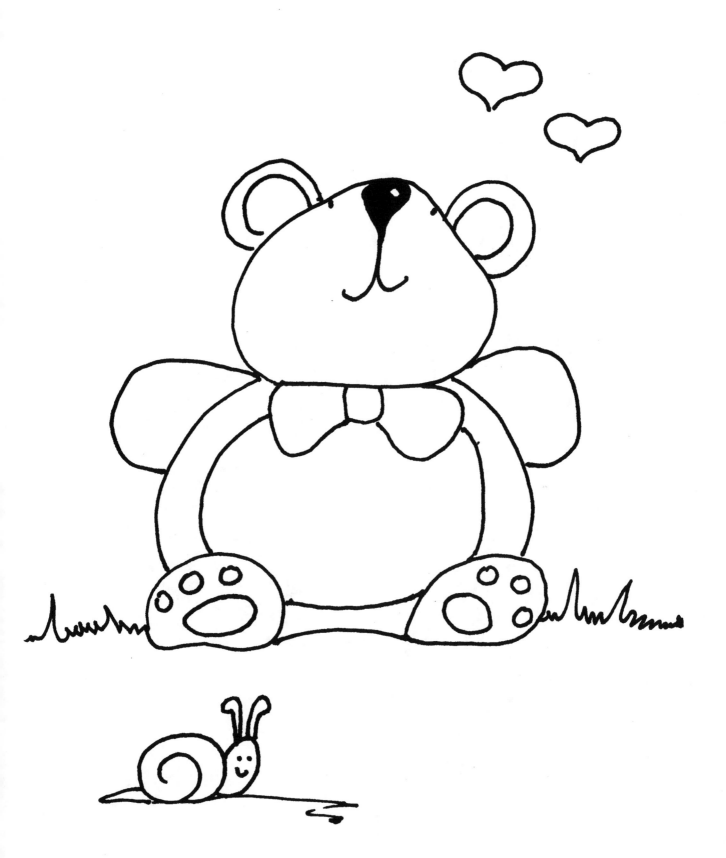

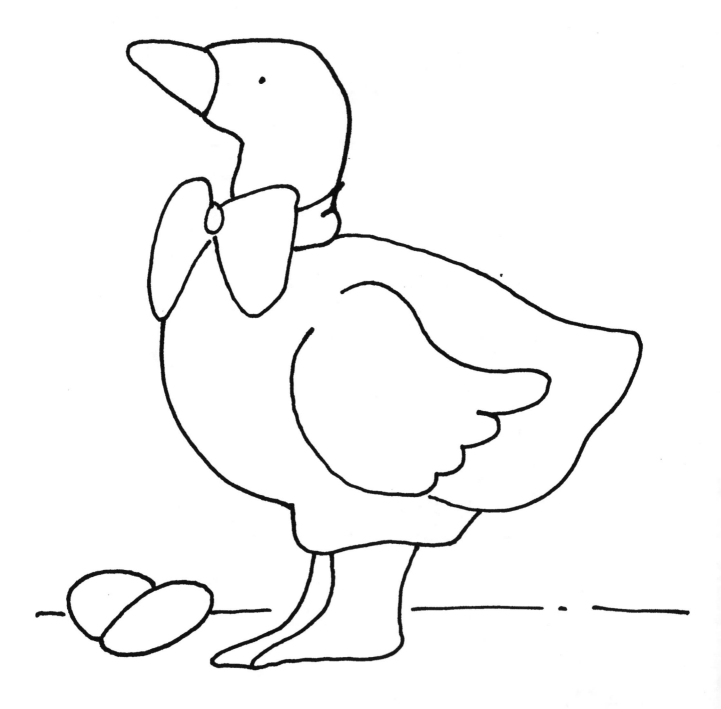

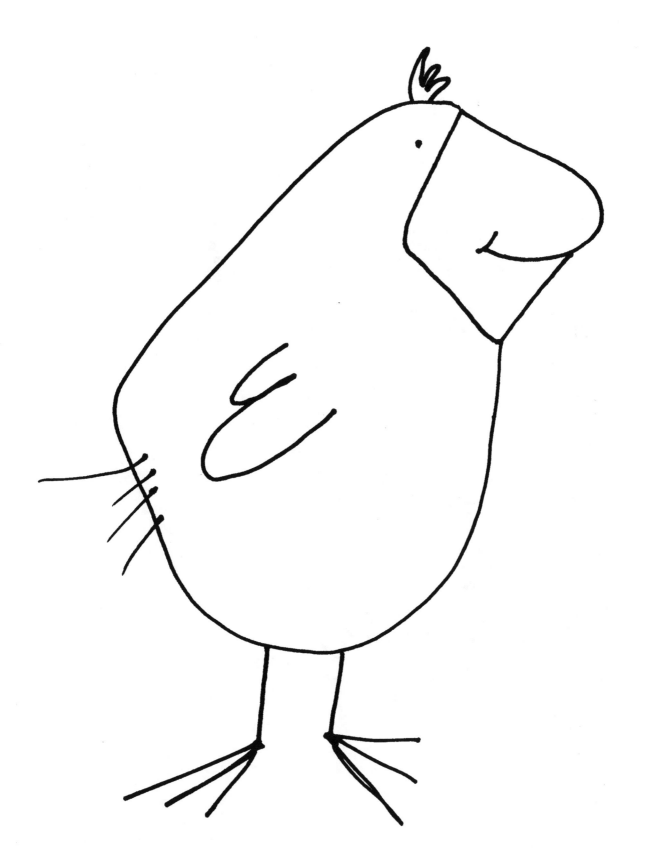

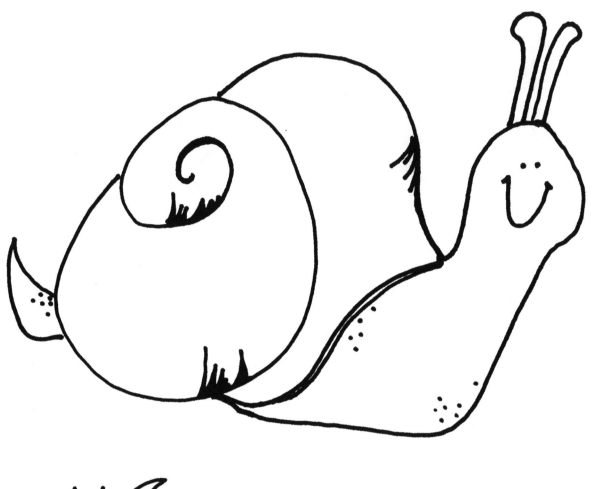

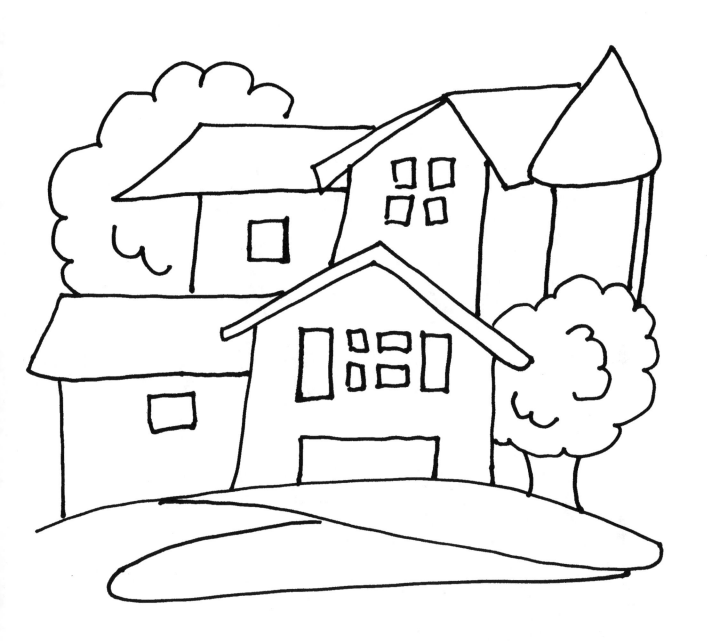

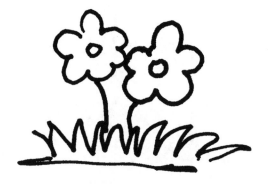

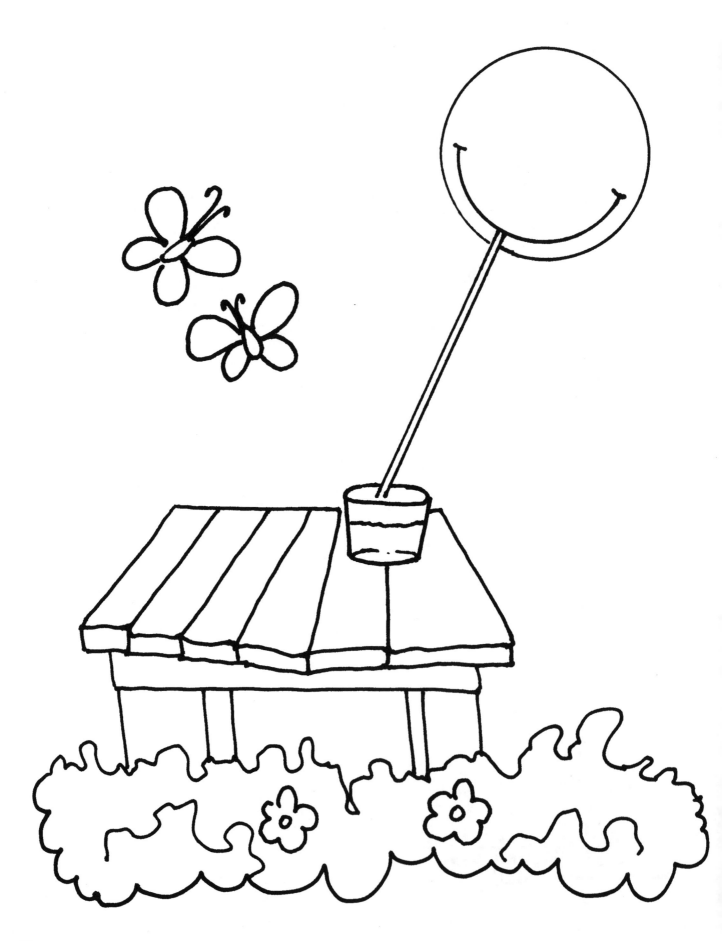

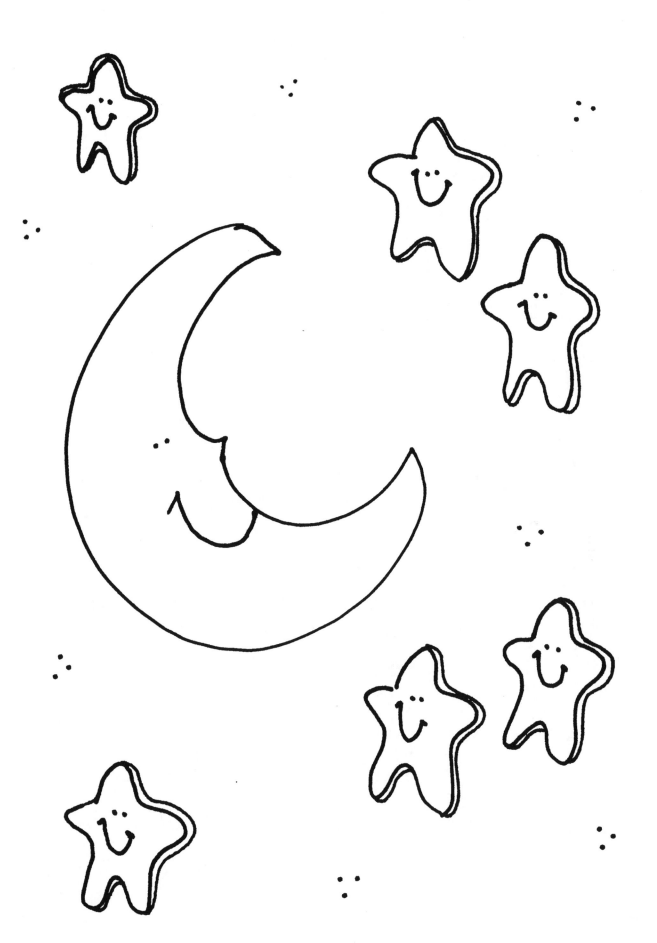

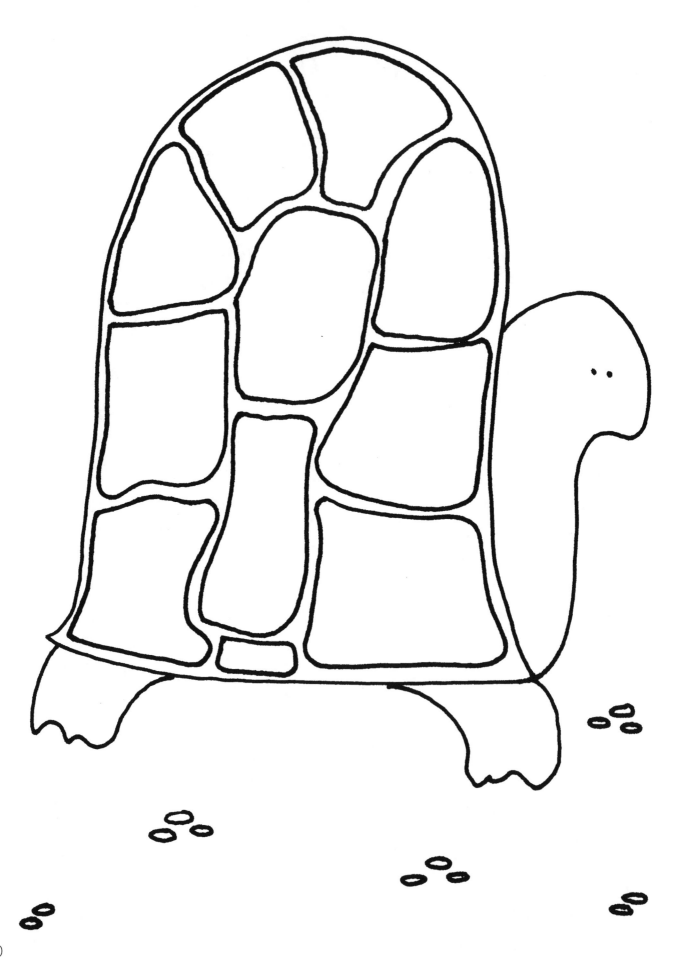

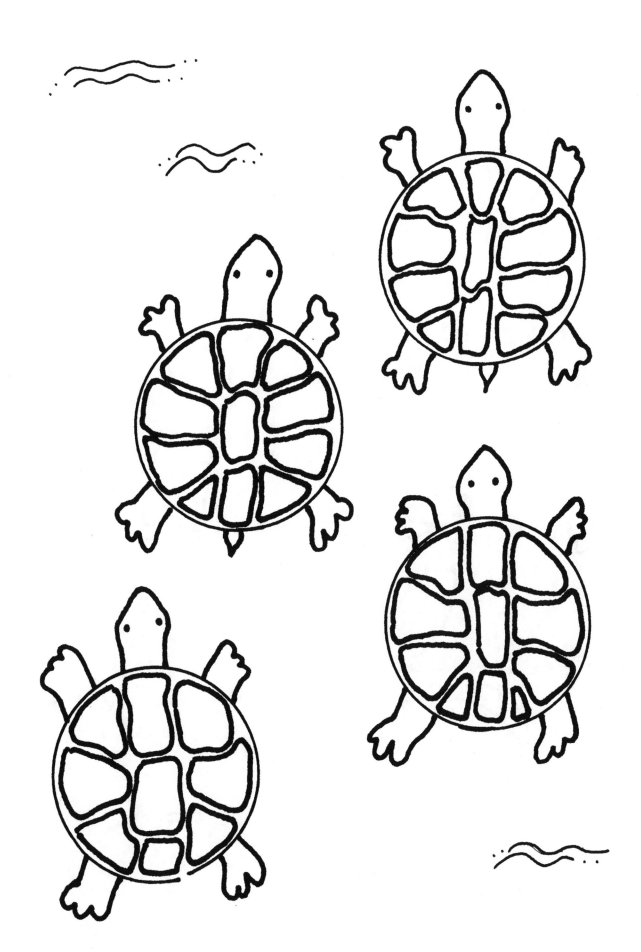

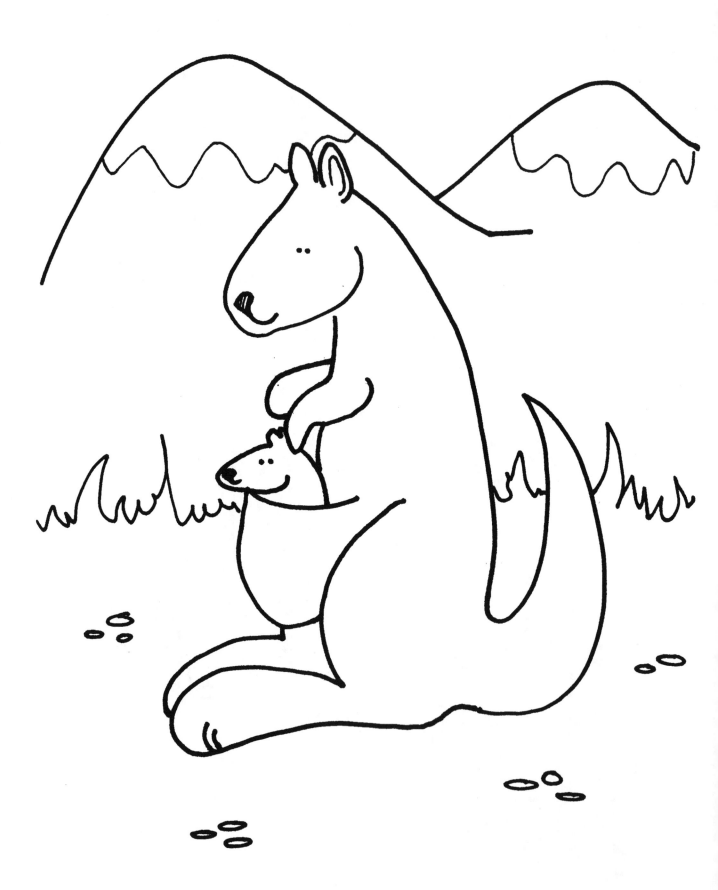

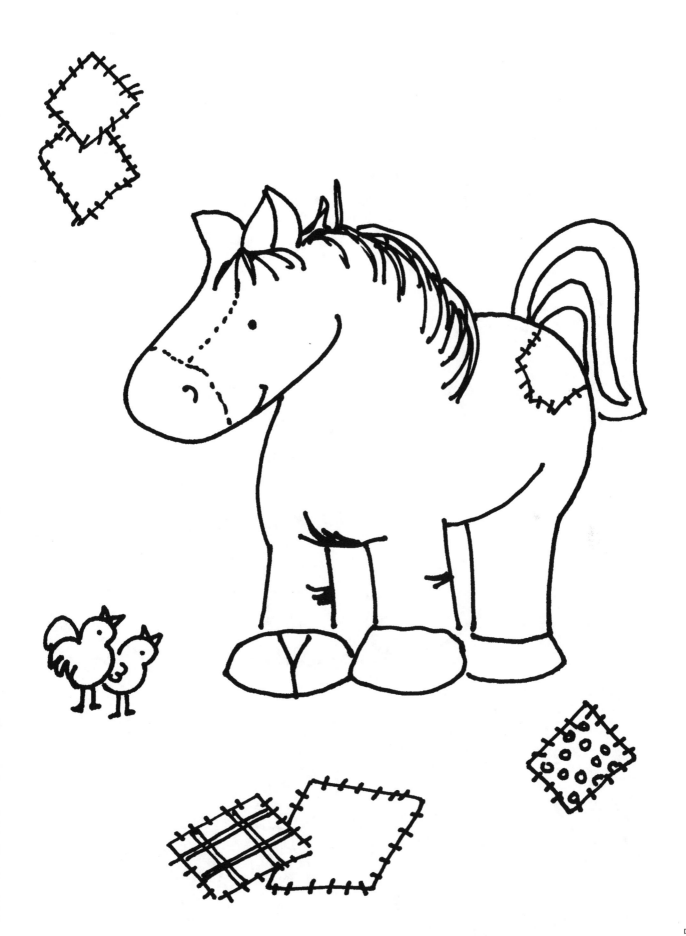

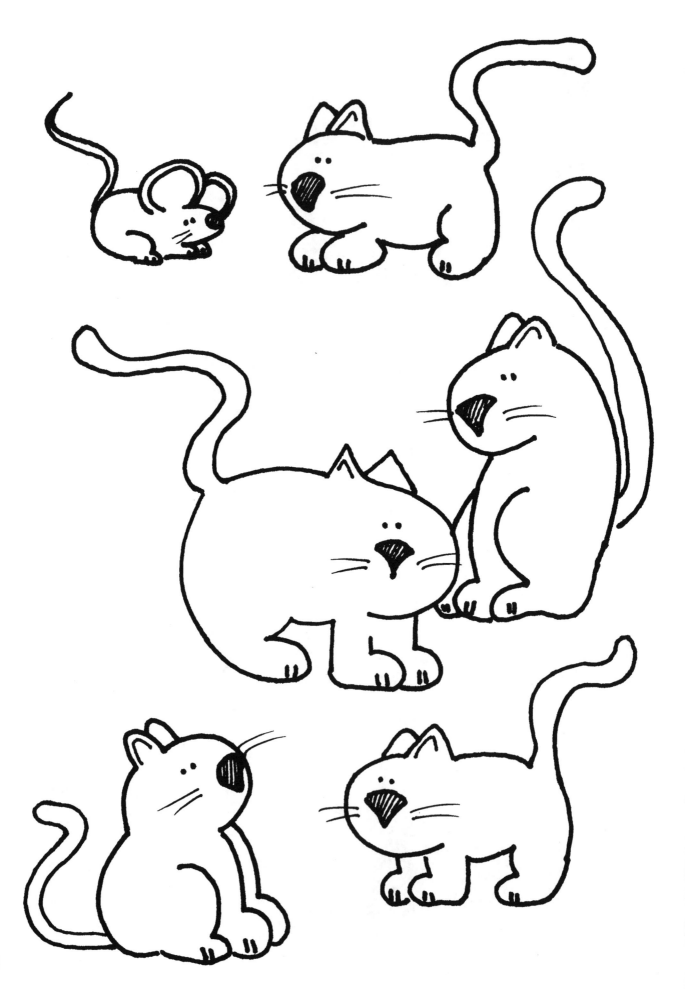

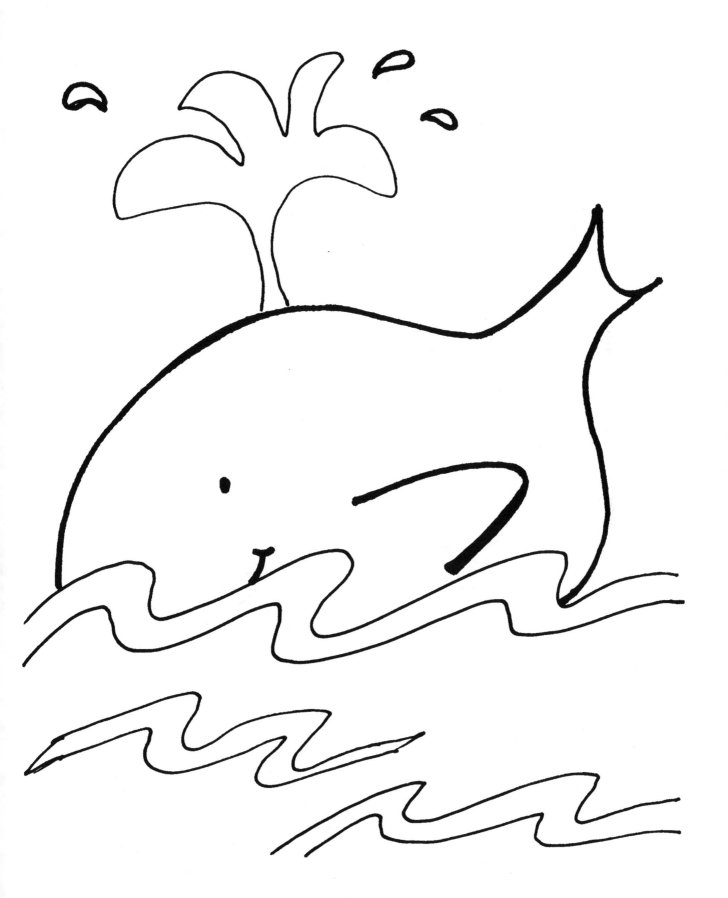

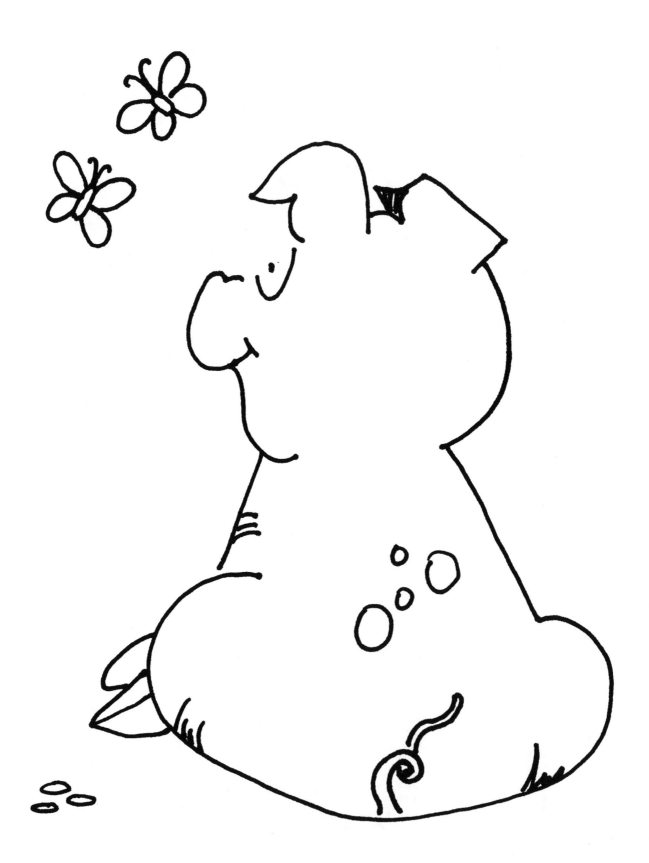

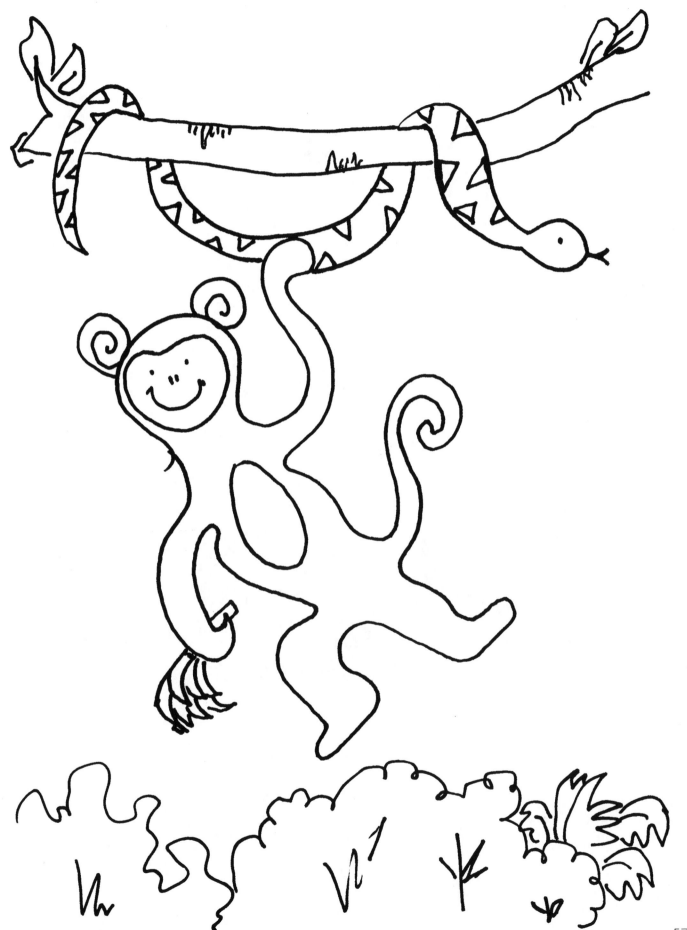

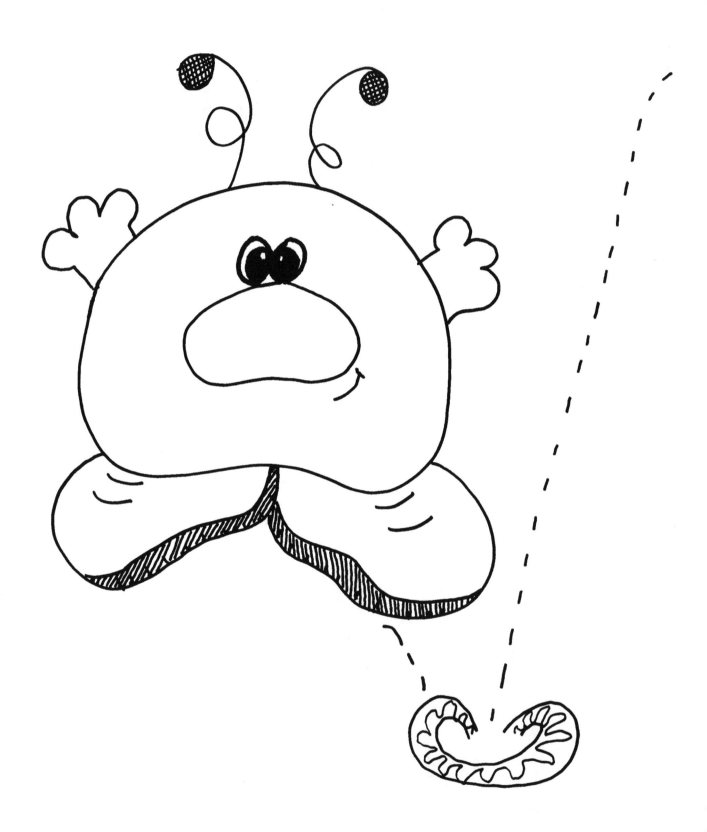

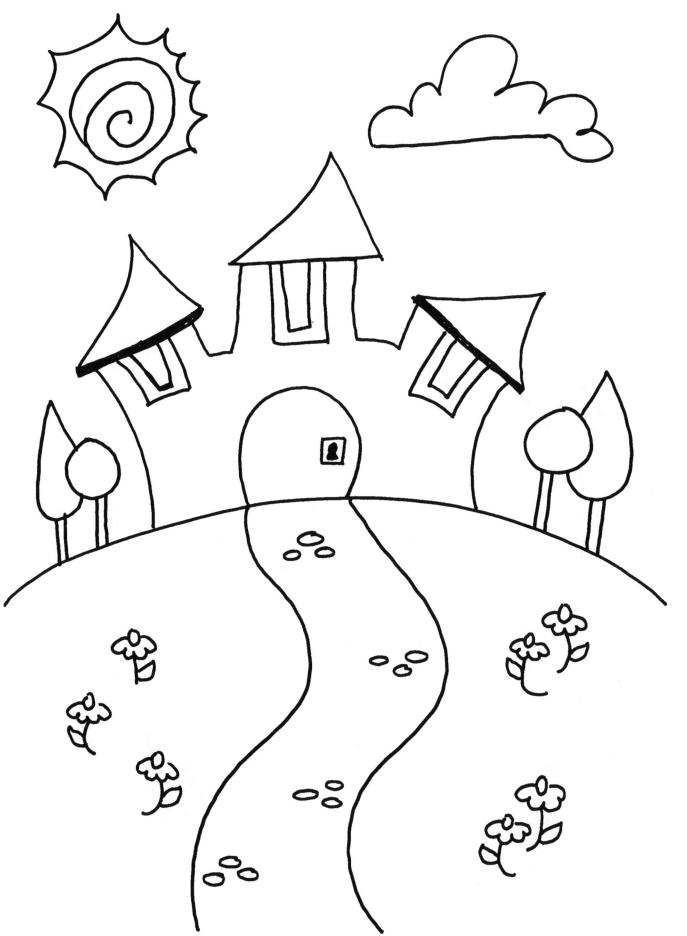

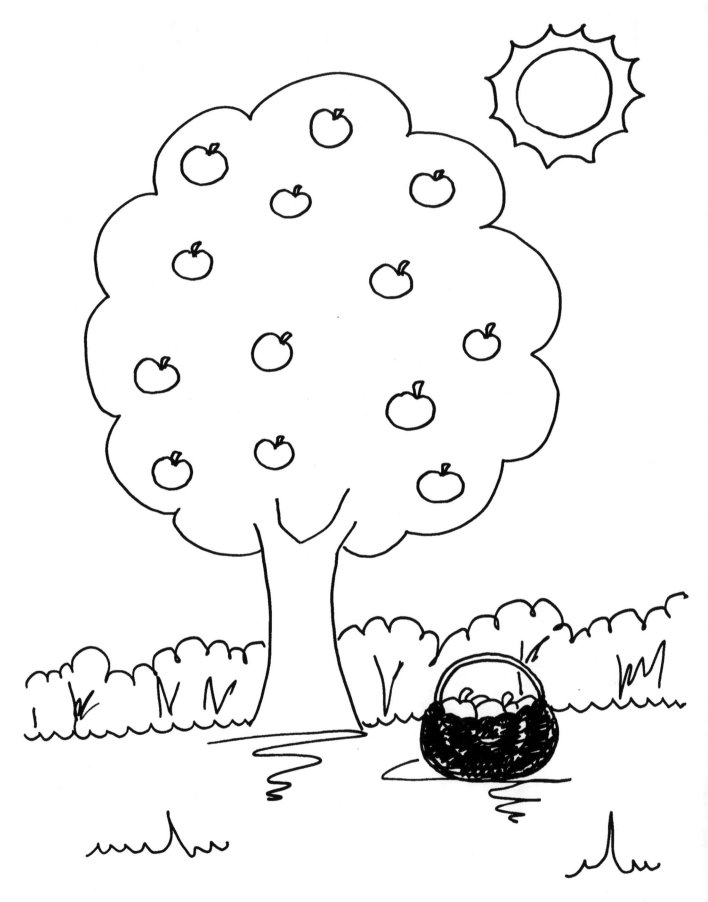

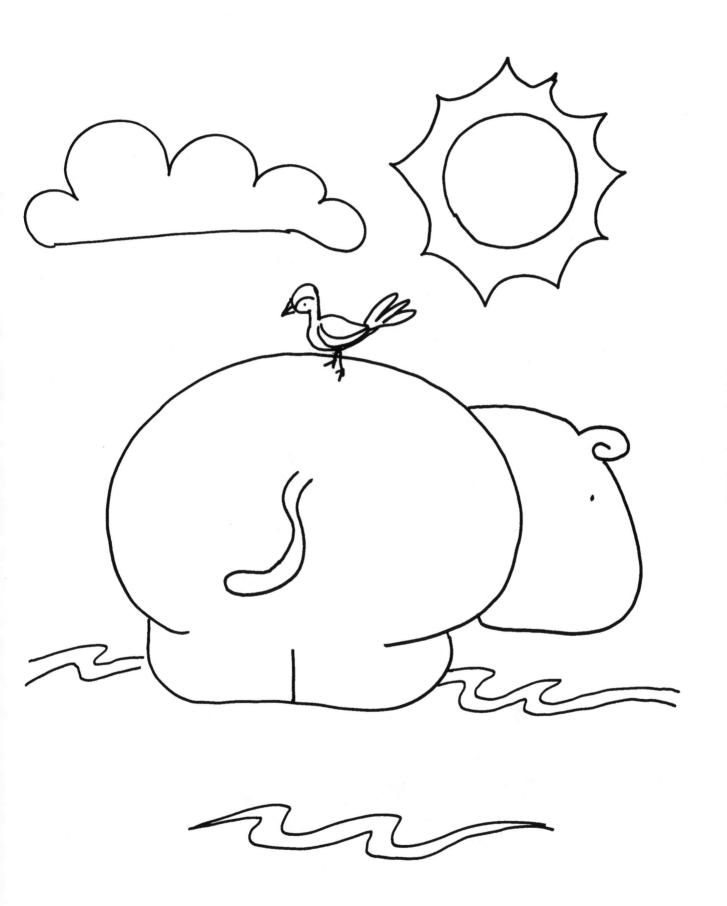

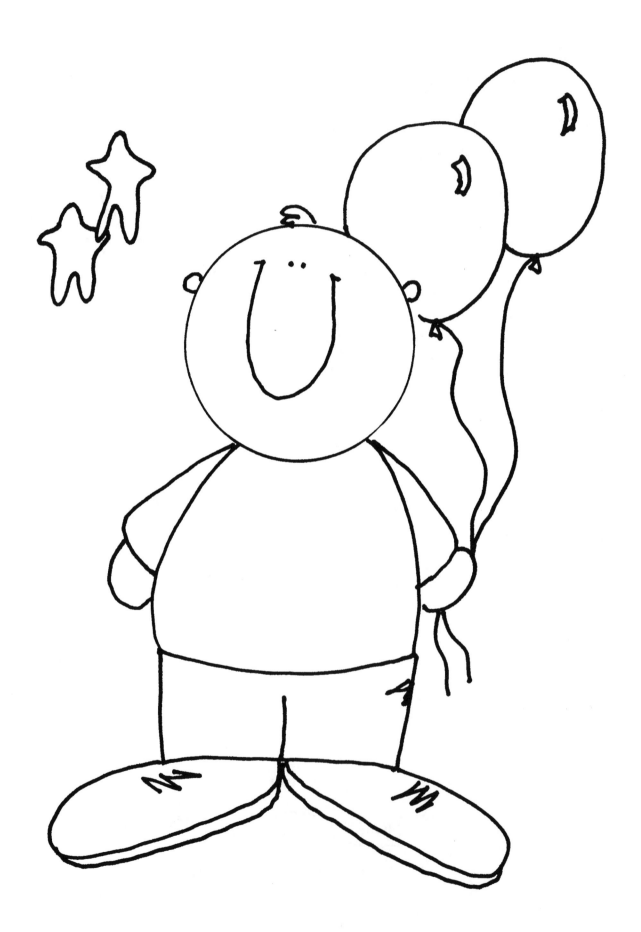

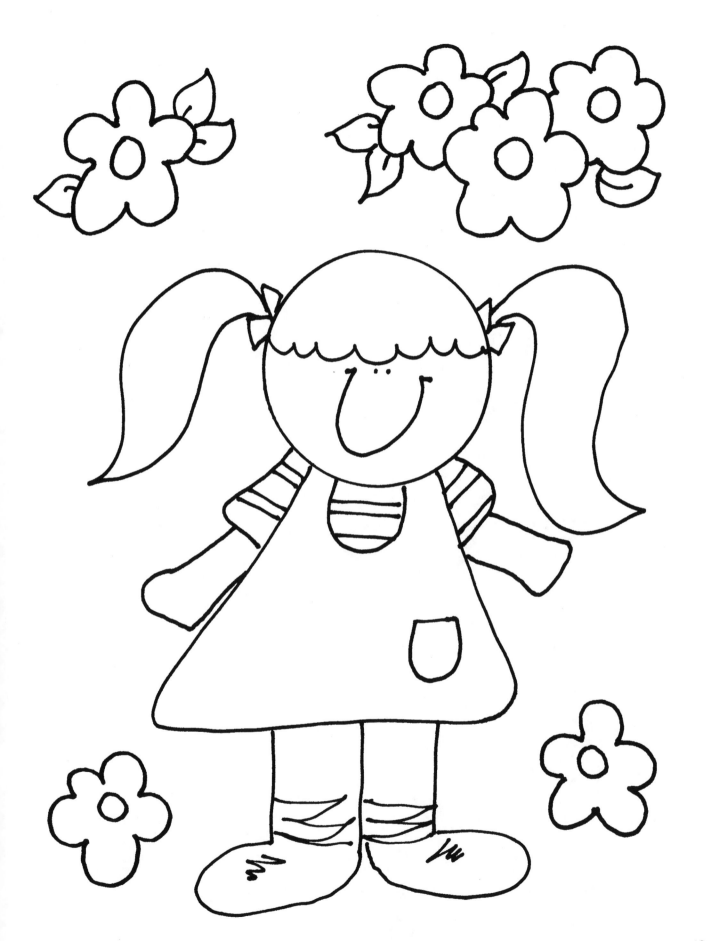

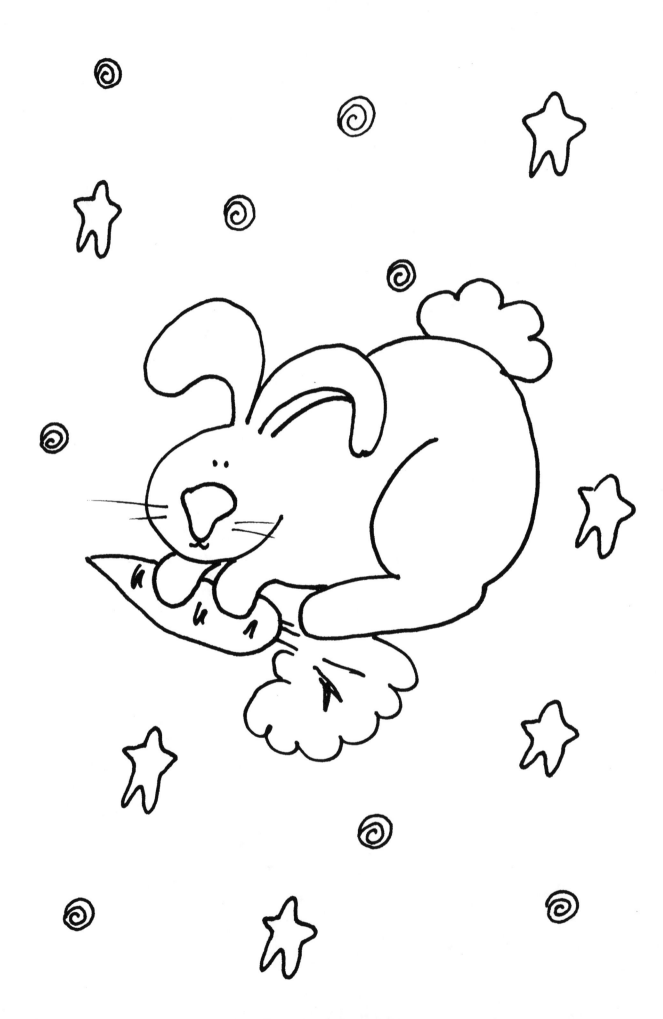

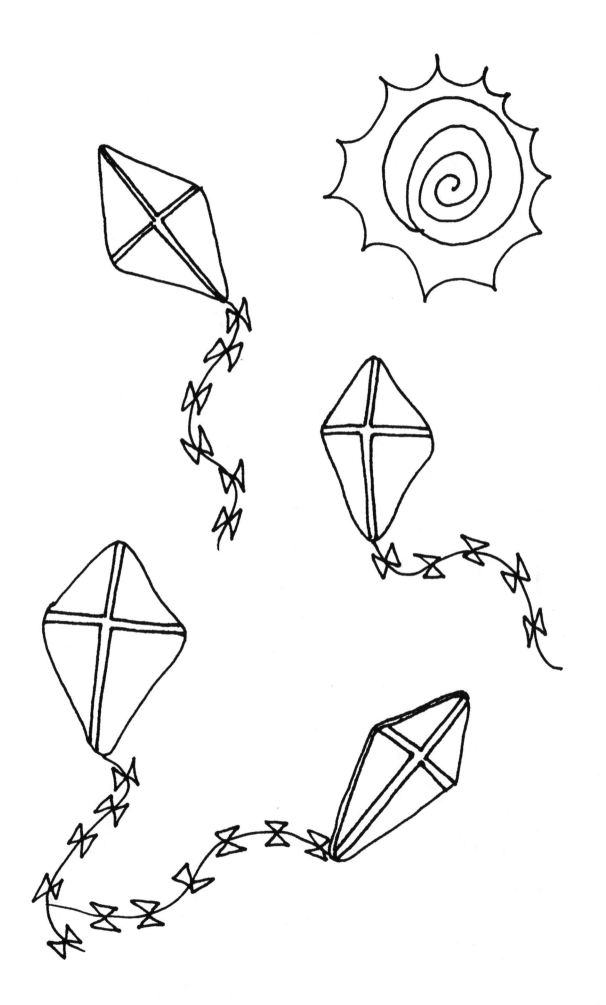

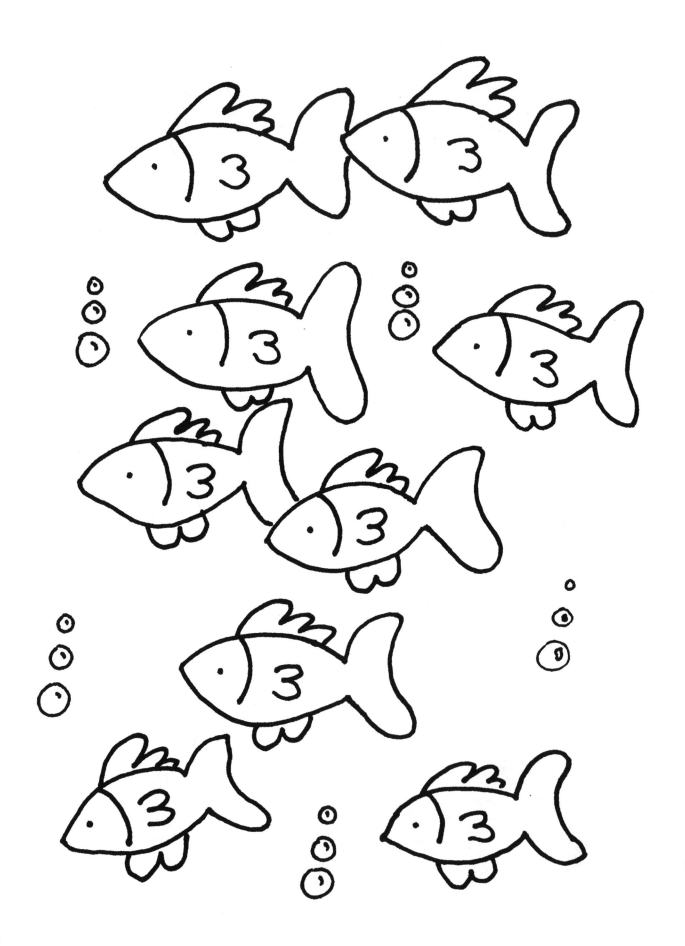

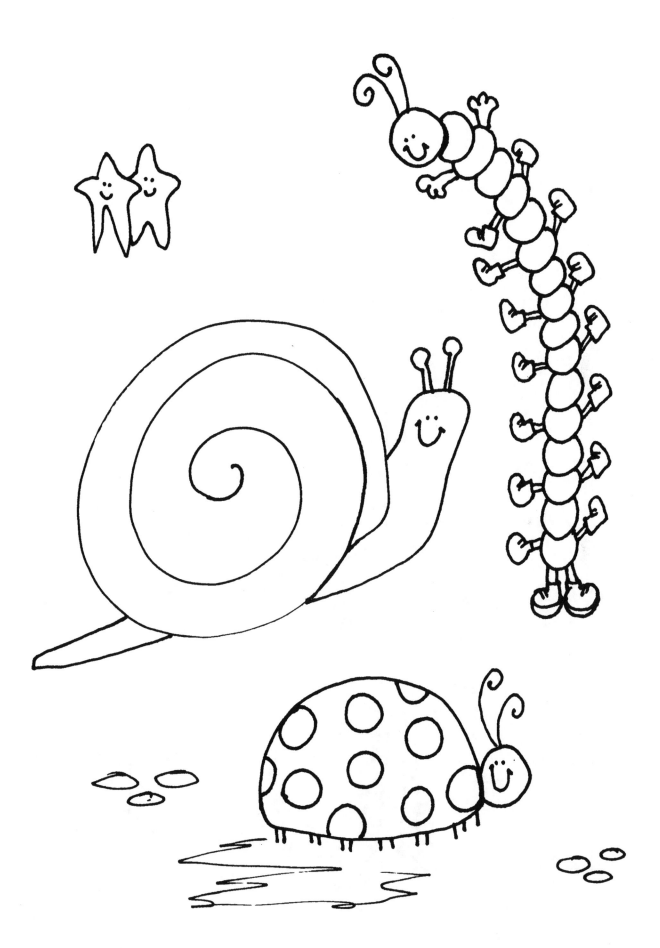

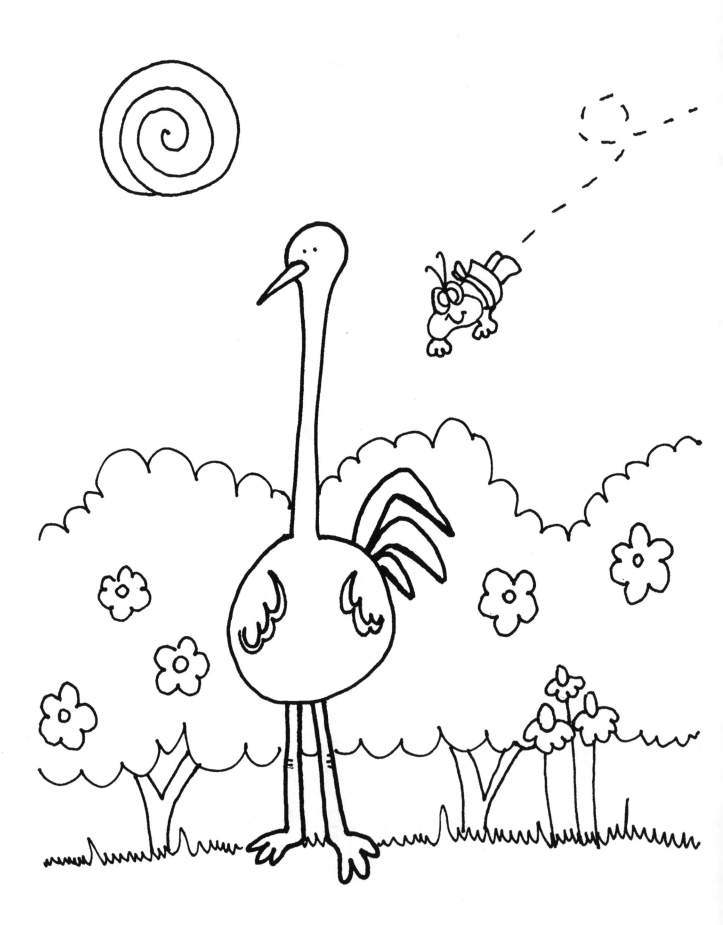

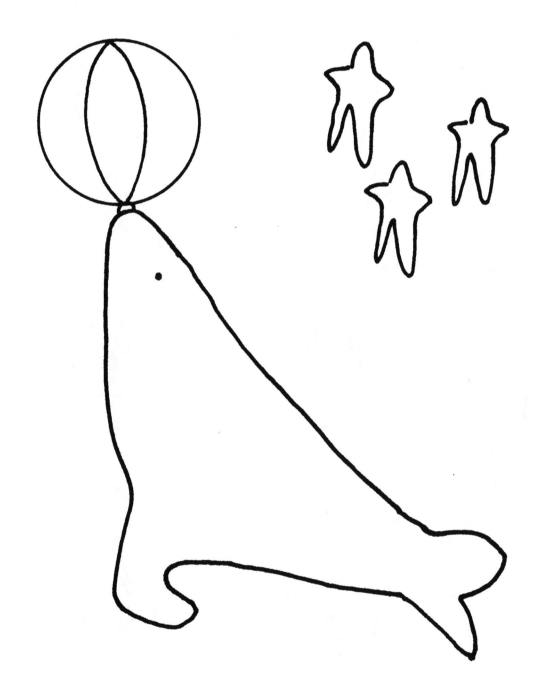

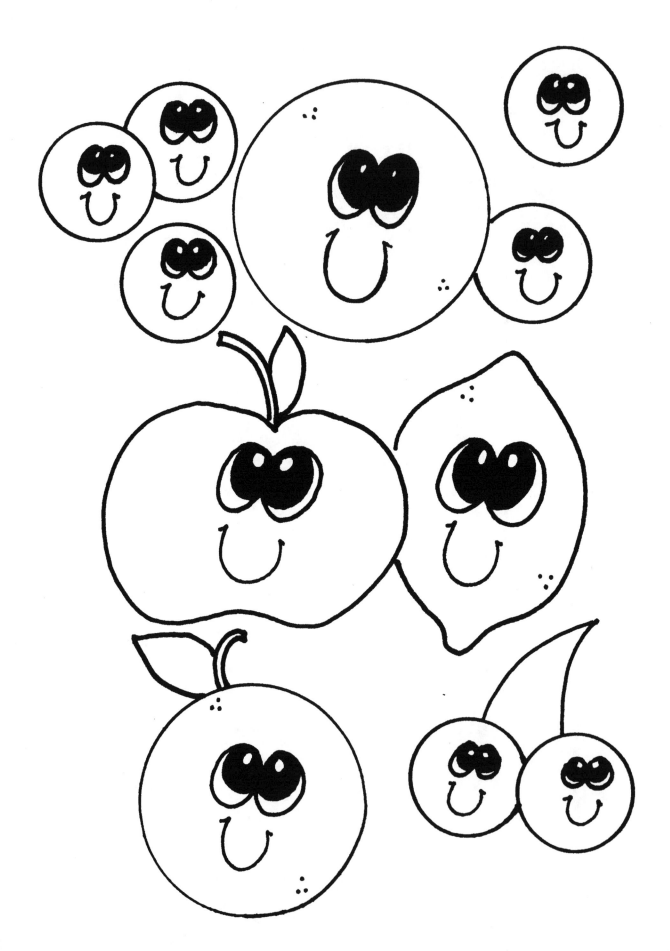

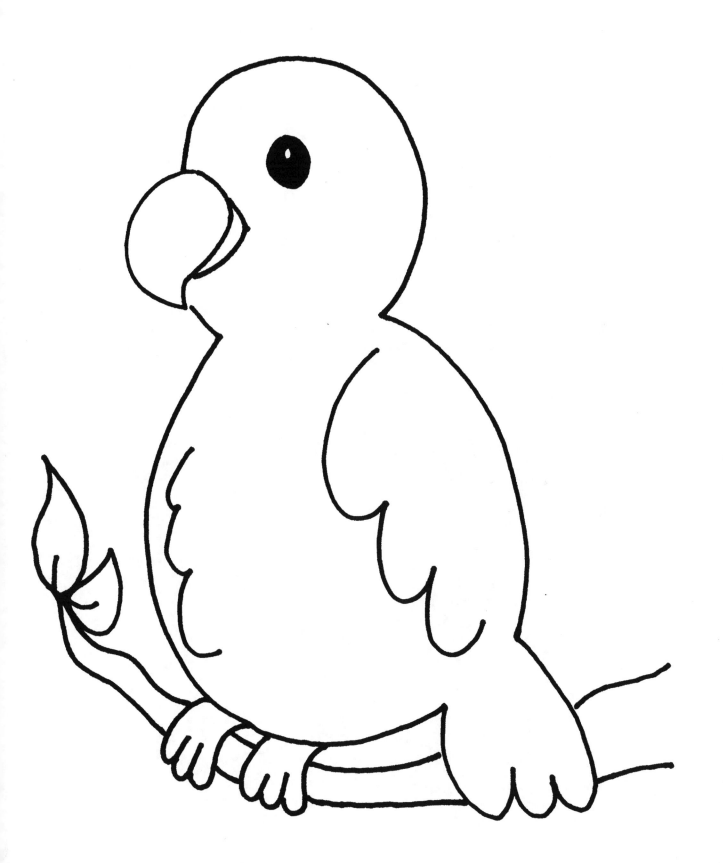

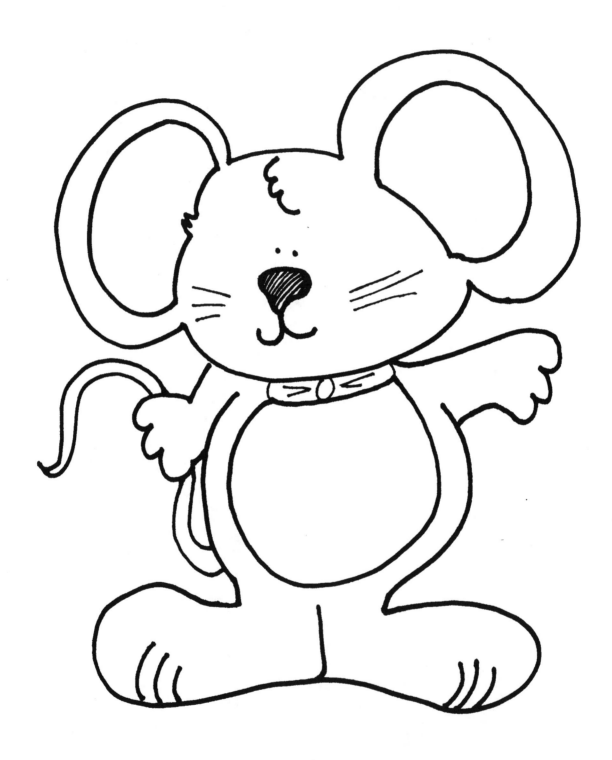

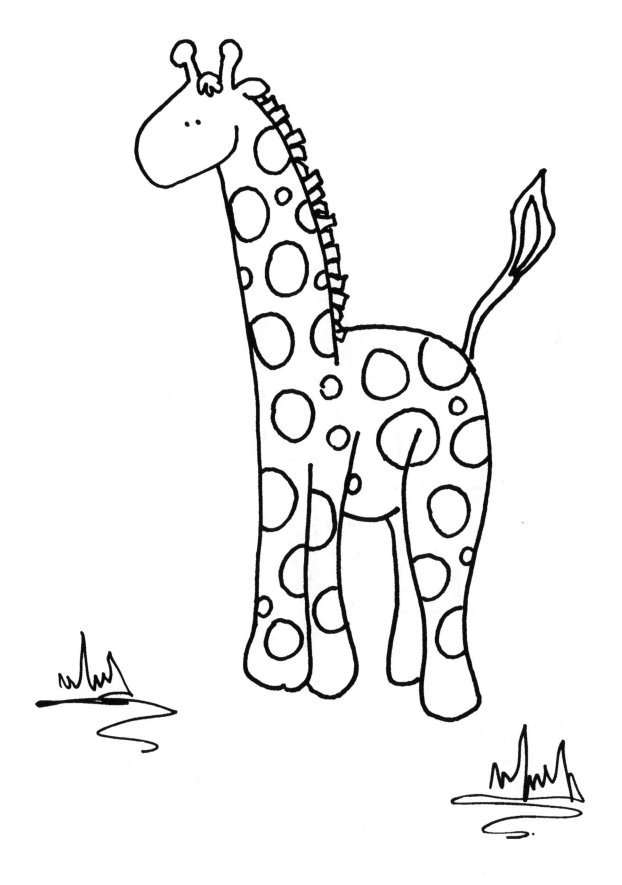

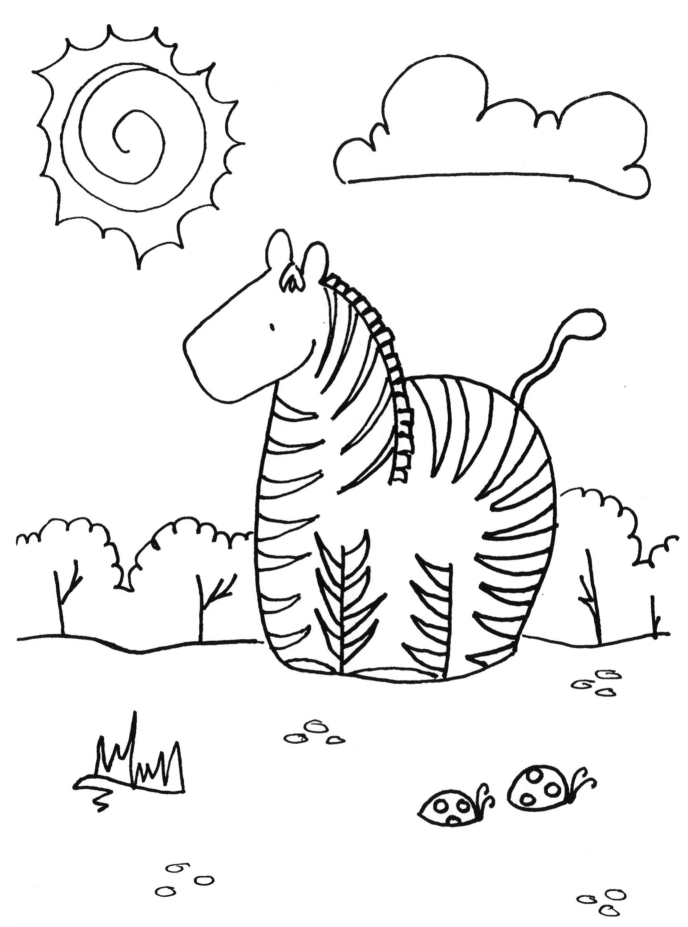

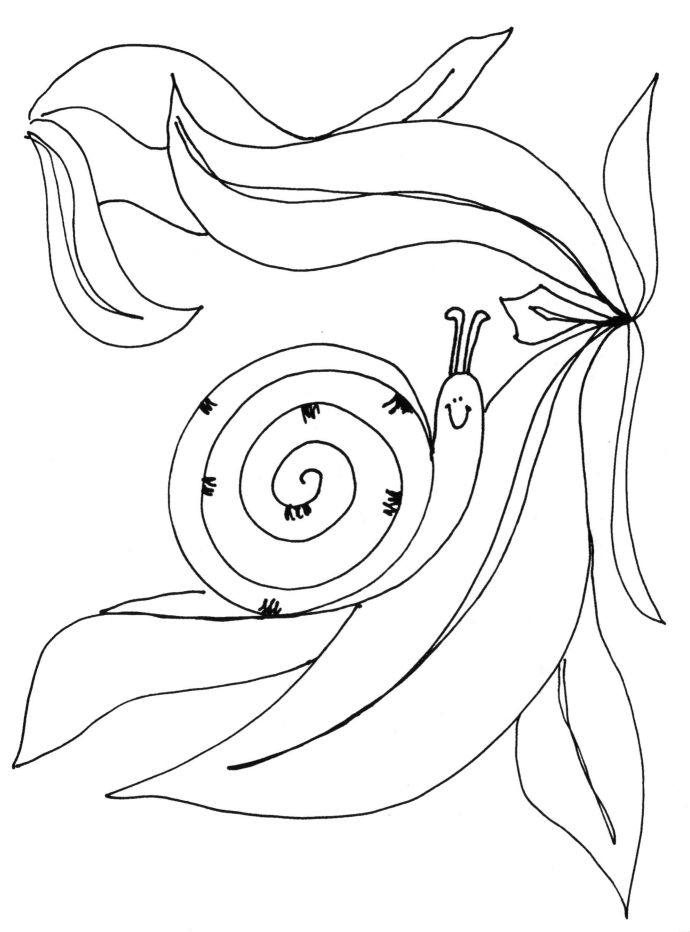

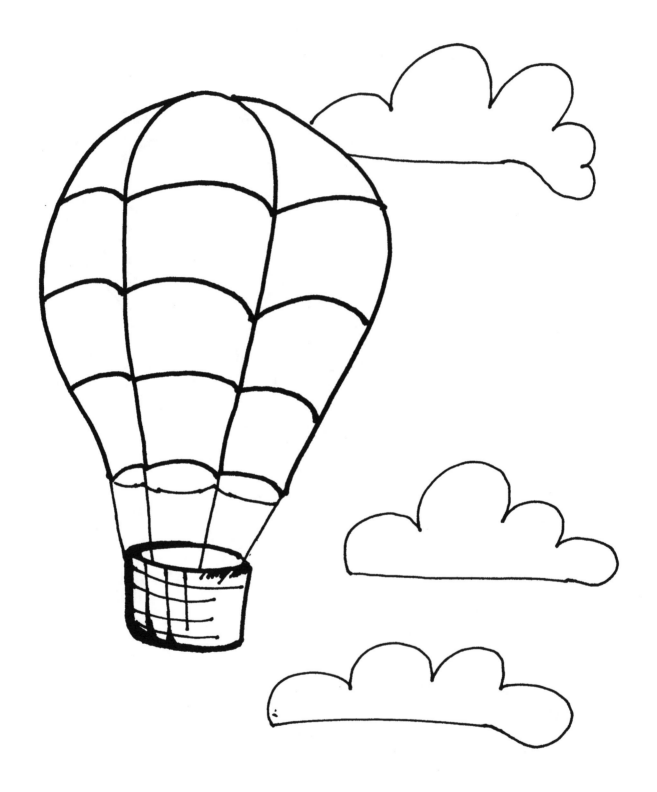

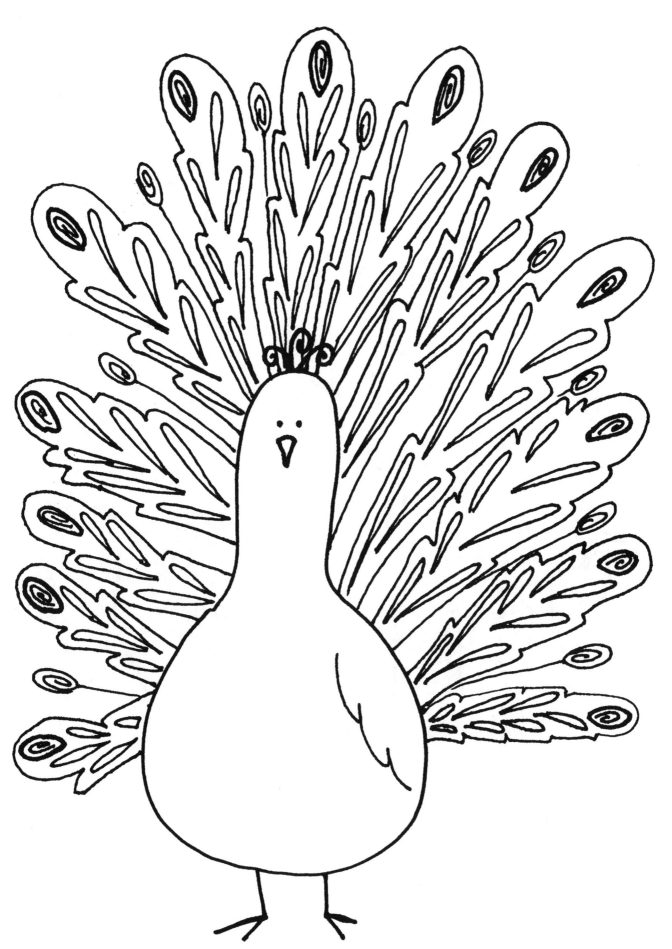

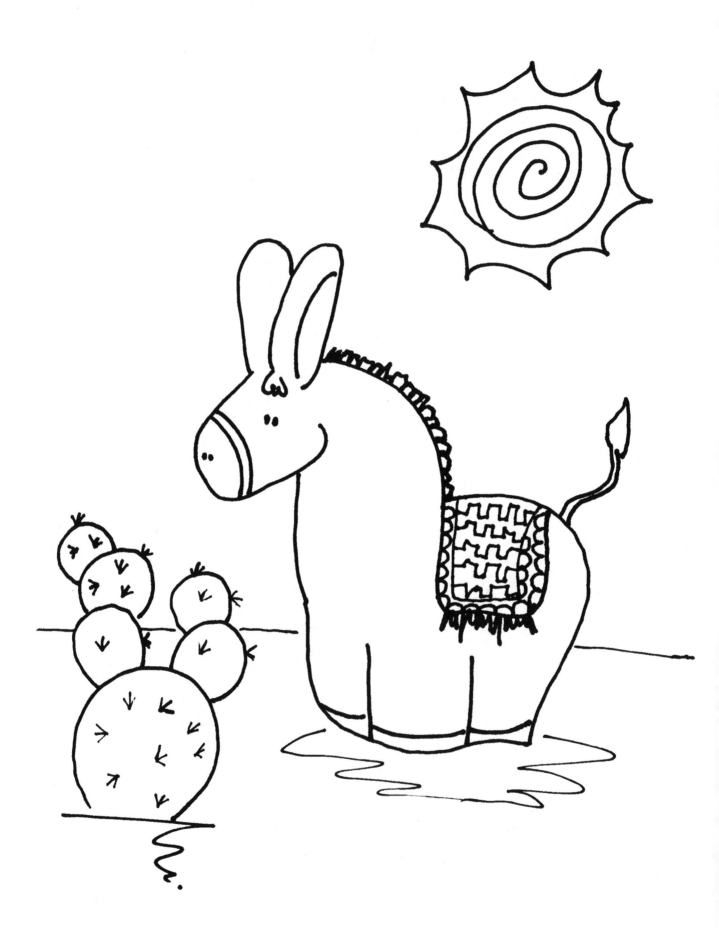

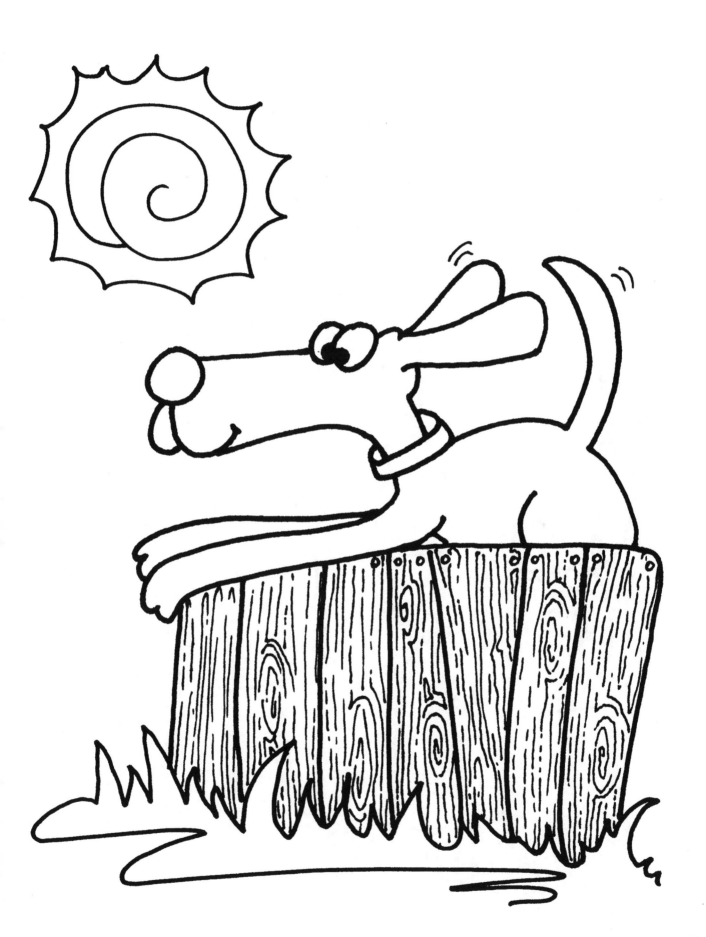

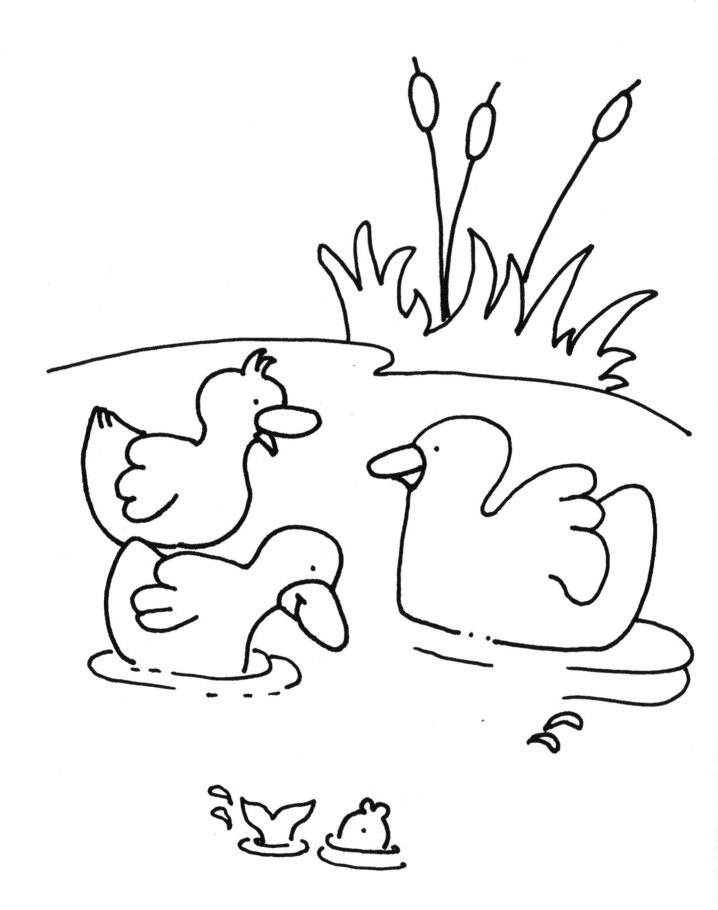

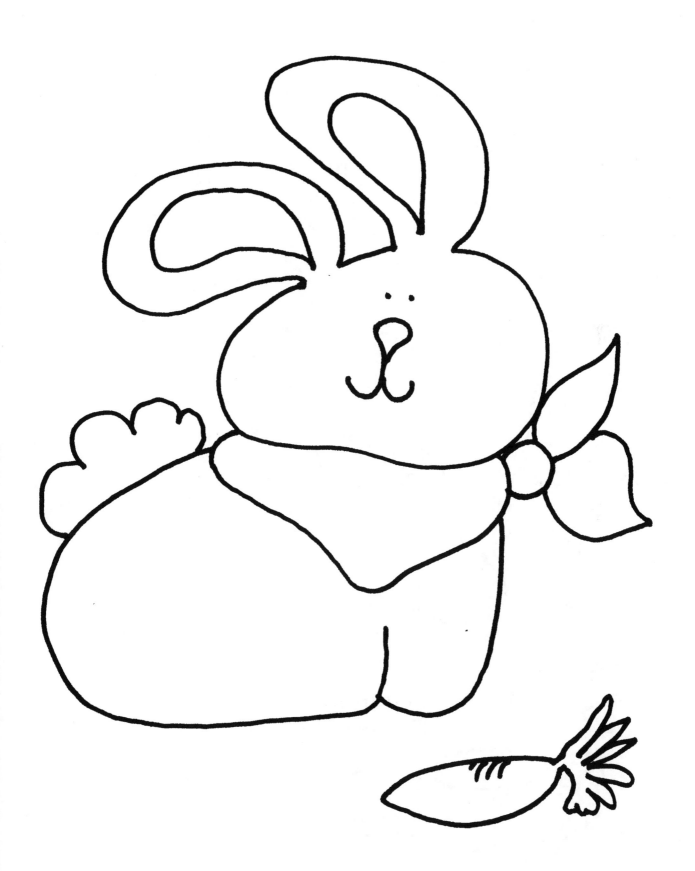

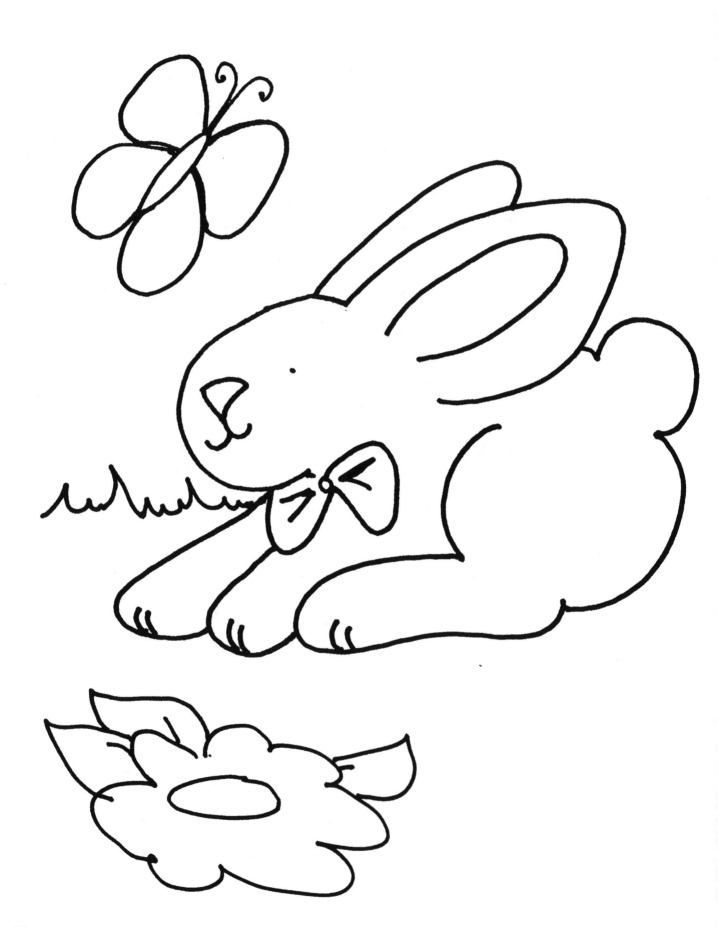

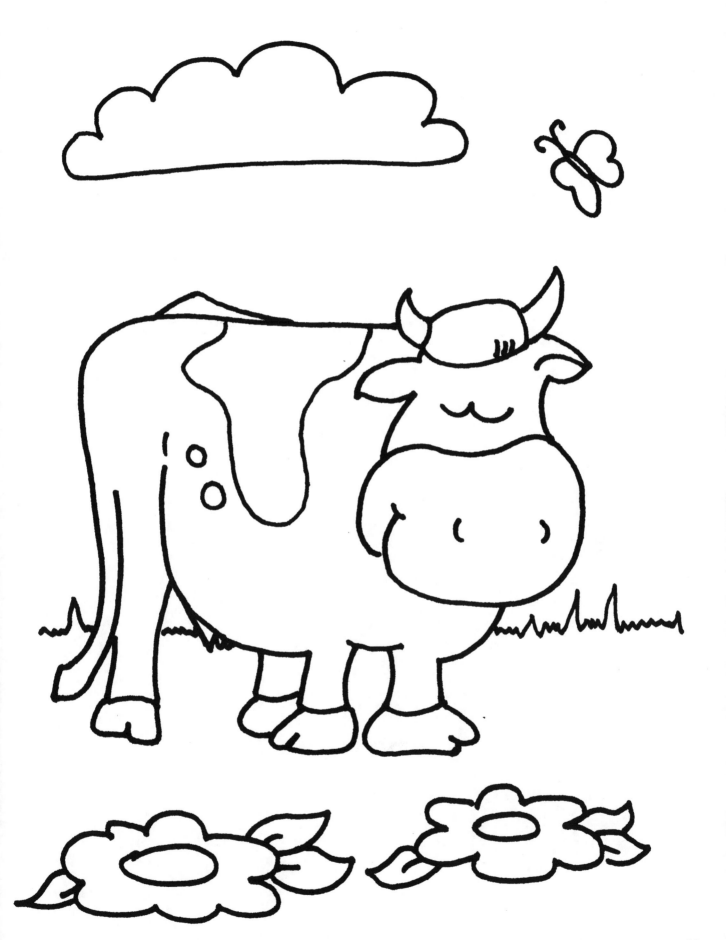